COLONIE DE MADAGASCAR ET DÉPENDANCES

**DIRECTION**
**des Domaines, de la Propriété foncière**
**et du Cadastre**

# TEXTES

## créant la Direction des Domaines et réglementant l'instruction des affaires domaniales

TANANARIVE
IMPRIMERIE OFFICIELLE

1920

FIN D'UNE SÉRIE DE DOCUMENTS
EN COULEUR

COLONIE DE MADAGASCAR ET DÉPENDANCES

DIRECTION
des Domaines, de la Propriété foncière
et du Cadastre

# TEXTES
## créant la Direction des Domaines et réglementant l'instruction des affaires domaniales

TANANARIVE
IMPRIMERIE OFFICIELLE
1920

# TABLE DES MATIÈRES

# ARRÊTÉ

**portant réorganisation des services des domaines et topographique et créant une direction des domaines, de la propriété foncière et du cadastre** (*J. O.* du 20 mars 1920).

---

Le Gouverneur Général p. i. de Madagascar et Dépendances, officier de la Légion d'honneur,

Vu les décrets des 11 décembre 1895 et 30 juillet 1897 ;

Vu le traité du 25 avril 1841 portant cession de l'île Mayotte à la France ;

Vu la loi du 25 juillet 1912 déclarant colonies françaises les îles d'Anjouan, de Mohéli et de la Grande Comore et les rattachant, avec Mayotte, au Gouvernement Général de Madagascar et Dépendances ;

Vu le décret du 25 février 1914 fixant les conditions de ce rattachement ;

Vu le décret du 12 novembre 1902 sur le conseil d'administration de la Colonie ;

Vu le décret du 27 janvier 1855 sur la curatelle aux successions et biens vacants aux colonies ;

Vu l'arrêté du 6 février 1900 sur les successions et biens vacants indigènes ;

Vu le décret du 5 novembre 1909 sur les successions indigènes ;

Vu le décret du 4 février 1911 sur le régime de l'immatriculation ;

Vu le décret du 13 juillet 1912 sur l'enregistrement et le timbre ;

Vu le décret du 30 décembre 1912 sur le régime financier aux colonies et notamment les articles 94, 95, 96, 97 et 99 ;

Vu l'arrêté du 28 février 1897 attribuant les biens meubles et immeubles du domaine royal au service des domaines ;

Vu l'arrêté du 31 décembre 1897 fixant les droits remplaçant les anciens droits de chancellerie, d'enregistrement et du timbre ;

Vu l'arrêté du 17 mars 1898 autorisant les receveurs des domaines à se faire remplacer par les administrateurs en dehors du périmètre où se trouve leur bureau aux opérations de scellés, d'inventaires et autres ;

Vu le décret du 26 septembre 1902 et l'arrêté du 8 avril 1911 sur le domaine public à Madagascar ;

Vu le décret du 23 août 1913 sur le régime forestier ;

Vu le décret du 9 juin 1913 et l'arrêté du 13 décembre 1913 sur le régime des eaux ;

Vu l'arrêté du 20 janvier 1905, portant que les receveurs des domaines sont chargés à Madagascar du recouvrement des fruits, revenus et prix de vente des domaines corporels et incorporels ;

Vu l'arrêté du 12 octobre 1906 relatif au versement des prix de vente et de location des terrains domaniaux ;

Vu l'arrêté du 23 novembre 1906 relatif à la centralisation des recettes du service des domaines, et les circulaires y relatives ;

Vu l'arrêté du 13 février 1907 créant la direction du service des domaines ;

Vu l'arrêté du 13 février 1907 fixant les divers cautionnements des receveurs des domaines et de la propriété foncière ;

Vu le décret du 20 février 1908 sur les successions vacantes des fonctionnaires, ensemble la décision du 30 avril 1908 nommant le chef du service des domaines administrateur de ces successions ;

Vu l'arrêté du 6 juillet 1908 sur les prix des opérations topographiques ;

Vu le décret du 3 juillet 1904 sur le régime des terres à Madagascar, ensemble l'arrêté du 10 février 1899 ;

Vu l'arrêté du 20 février 1913 sur le service topographique ;

Vu les arrêtés des 1er mai et 19 août 1915 sur la décentralisation administrative ;

Sur la proposition du Gouverneur des colonies, secrétaire général du Gouvernement Général ;

Le conseil d'administration entendu,

Arrête :

Art. 1er. — Le service des domaines et de la propriété foncière et le service topographique des domaines et de la propriété foncière forment un seul organisme administratif qui prend le nom de « direction des domaines, de la propriété foncière et du cadastre ».

Art. 2. — L'ensemble des services de cette direction est placé sous l'autorité d'un directeur assisté :

1° d'un adjoint ;

2° spécialement pour la technique topographique, d'un chef du service topographique.

Art. 3. — L'adjoint est chargé de l'expédition des affaires courantes ou de l'intérim, en cas d'absence ou de congé du directeur.

Art. 4. — La direction des domaines, de la propriété foncière et du cadastre assure le fonctionnement et l'exécution :

*a*) Des services :

1° des domaines ;

2° de l'enregistrement et du timbre ;

3° de la curatelle aux successions et biens vacants y compris les successions et biens vacants indigènes et des successions des fonctionnaires ;

4° de l'établissement et de la conservation de la propriété foncière et des hypothèques.

*b*) du service topographique.

## Domaines

Art. 5. — Par application des prescriptions de l'article 94 du décret précité du 30 décembre 1912 la direction des domaines est chargée, dans la colonie de Madagascar et Dépendances, de toutes les attributions confiées, dans la Métropole, à l'administration des domaines.

Ces attributions sont définies et exercées d'après le caractère des biens et notamment d'après les distinctions qui suivent :

## I. — Domaine privé

A. — *Domaine non forestier.* — La direction des domaines gère et administre cette fraction du domaine de l'Etat et de la Colonie. Elle est chargée à cet effet :

1° de la centralisation des demandes de baux, concessions ou ventes de terrains urbains ou ruraux, des projets d'acquisition ou d'échanges intéressant l'Etat ou la Colonie, ainsi que de toutes les affaires domaniales, de quelque nature que ce soit ;

2° de l'instruction administrative et juridique de ces affaires en provoquant, s'il y a lieu, l'avis des divers services intéressés ;

3° de la rédaction des contrats domaniaux de toute nature ;

4° de la délimitation des réserves indigènes et constitution ultérieure et progressive de la propriété individuelle indigène ;

5° de la préparation, en collaboration avec les services intéressés, des périmètres de colonisation, de la suite de l'immatriculation de ces terrains, de la confection et mise à jour de l'inventaire des terres domaniales disponibles ;

6° du dépôt des réquisitions et de la suite des instances d'immatriculation relatives à des terrains domaniaux ;

7° de la centralisation de toutes les affaires domaniales, par le directeur des domaines chargé de les transmettre, avec ses propositions, au secrétariat général en vue de l'approbation ou de la décision du Gouverneur Général ;

8° de la conservation des minutes de tous les contrats domaniaux et de la délivrance des expéditions et copies ;

9° de la centralisation et de la conservation des archives domaniales y compris les duplicata de titres fonciers ;

10° de la vente du mobilier de l'Etat ou de la Colonie.

B. — *Domaine forestier.* — La direction des domaines concourt à la gestion de cette catégorie de biens dans les limites ci-après :

1° Instructions administratives et juridiques des adjudications de coupes annuelles à vendre sur pied, des demandes de concessions forestières ou de baux pour cultures sous bois ;

2° Rédaction des contrats relatifs à ces affaires ;

3° Centralisation de toutes les affaires relatives à l'exploitation du domaine forestier par des tiers ou par des services publics autres que le service des forêts et le service du chemin de fer dans les limites de son domaine forestier, par le directeur des domaines chargé de les transmettre, avec ses propositions, au secrétariat général en vue de l'approbation ou de la décision du Gouverneur Général ;

4° Conservation des minutes de tous les contrats forestiers et délivrance des expéditions et copies.

### II. — Domaine public

La direction des domaines concourt également à la gestion de cette catégorie de biens et est chargée à cet effet :

1° De l'instruction administrative et juridique des demandes de concessions ou d'utilisation des dépendances du domaine public ;

2° De la rédaction des contrats relatifs à ces affaires ;

3° De la centralisation de toutes les affaires relatives à l'occupation ou à l'utilisation par des tiers des dépendances du domaine public, par le directeur des domaines chargé de les transmettre, avec ses propositions, au secrétariat général en vue de l'approbation ou de la décision du Gouverneur Général ;

4° De la conservation des minutes de tous les contrats concernant les concessions ou autorisations d'utilisation des dépendances du domaine public, et de la délivrance des expéditions et copies.

### III. — Recouvrements domaniaux

La direction des domaines a dans ses attributions :

1° Le recouvrement des produits domaniaux de toute nature ;
2° Des cautionnements exigés en matière domaniales ;
3° enfin, des frais des opérations topographiques.

### IV. — Contentieux domanial

La direction des domaines est chargée de l'étude de tout le contentieux domanial, ainsi que de la suite des instances relatives soit à des questions de propriété, soit à des affaires d'immatriculation, soit au recouvrement des redevances ou produits domaniaux.

## Enregistrement et timbre

Art. 6. — En vertu des mêmes prescriptions, la direction des domaines, de la propriété foncière et du cadastre est chargée :

1° De la perception des impôts de timbre et d'enregistrement, ou de tous autres impôts, confiés dans la métropole à l'administration de l'enregistrement et du timbre, et qui viendraient à être établis à Madagascar ;

2° De la recherche et de la répression des contraventions relatives à ces mêmes impôts.

3° De la suite de toutes les instances y relatives.

## Curatelle, succession des fonctionnaires

Art. 7. — Les attributions de la direction des domaines, de la propriété foncière et du cadastre, sont réglées à ce sujet :

*a*) Pour la curatelle aux successions et biens vacants par les textes régissant la matière et notamment :

1° le décret du 27 janvier 1855 ;

2° l'arrêté ministériel du 20 juin 1864 ;

3° le décret du 14 mars 1890.

*b*) Pour l'administration des successions des fonctionnaires, par le décret du 20 février 1908 et les réglements ministériels en vigueur.

## Conservation de la propriété foncière

Art. 8. — Les attributions à ce sujet sont précisées par le décret du 4 février 1911.

## Service topographique

Art. 9. — Le service topographique exécute toutes les opérations topographiques, cartographiques et géodésiques demandées par les divers services publics de la Colonie et par les particuliers ainsi que les reproductions des plans établis.

Il est notamment chargé :

1° du levé des plans nécessaires à l'immatriculation des propriétés et des opérations subséquentes en exécution des prescriptions du décret du 4 février 1911 ;

2° du levé des plans des villes, de la reconnaissance et du levé des plans ou croquis des concessions ainsi que du lotissement des terres domaniales ;

3° de la tenue à jour des archives topographiques foncières et domaniales ;

4° de l'établissement et de la tenue à jour des mappes topographiques foncières ;

5° de la tenue des bureaux d'archives foncières ;

6° à titre transitoire, des mappes minières et des levés miniers demandés par le service des mines ou les particuliers.

Art. 10. — La direction des domaines, de la propriété foncière et du cadastre, comporte un organisme central et un organisme extérieur.

Art. 11. — L'organisme central, à Tananarive, est chargé de la direction et du contrôle, pour toute la Colonie, des affaires ressortissant aux divers services énumérés à l'article 4. La division intérieure de cet organisme central et les attributions de chaque division seront réglées par le directeur des domaines, de la propriété foncière et du cadastre.

Art. 12. — L'organisme extérieur fonctionnant dans les diverses circonscriptions se compose de bureaux des domaines, de brigades topographiques, de bureaux d'archives foncières et de délégués.

## Bureaux des domaines

Art. 13. — § A. — recettes conservations. — Au siège de chaque tribunal de 1re instance ou justice de paix à compétence étendue, existe un bureau des domaines comprenant toutes les attributions dévolues au service, à l'exception des travaux topographiques. Le ressort de ce bureau est le même que le ressort judiciaire correspondant, sauf ce qui sera dit au § B, ci-après.

§ B. — recettes. — Dans les provinces ou districts où ne siège pas un tribunal de 1re instance ou une justice de paix à compétence étendue, il pourra être créé par arrêté et suivant les nécessités du service, des bureaux comprenant certaines des attributions du service, à l'exclusion de la conservation de la propriété foncière et de l'administration de la curatelle aux successions et biens vacants.

Leurs ressort et attributions sont déterminés par l'arrêté de création.

## Brigades topographiques

Art. 14. — § A. — brigades fixes. — Dans toutes les localités où existe une recette conservation fonctionne une brigade topographique.

Les brigades sont chargées, sous la direction d'un agent technique, chef de la brigade, de l'exécution des travaux topographiques régulièrement requis pour toute la circonscription judiciaire à laquelle elles appartiennent.

§ B. — brigades volantes. — Il pourra, en outre, être créé par arrêté des brigades topographiques volantes, directement rattachées au service central. L'arrêté de création fixe, dans ce cas, leurs attributions.

## Bureaux d'archives foncières

Art. 15. — Dans les centres (province ou district) qui ne sont le siège ni de recettes conservations, ni de recettes simples, il pourra être créé par arrêté et suivant les nécessités du service, des bureaux d'archives foncières gérés par des agents européens du service topographique assistés de topographes indigènes.

Leurs ressort et attributions sont fixés par l'arrêté de création.

## Délégués des domaines

Art. 16. — Partout ailleurs, la direction des domaines, de la propriété foncière et du cadastre est représentée par des délégués des domaines, débitants des timbres fiscaux et délégués de la curatelle, chargés de suppléer aux receveurs des domaines, curateurs aux successions et biens vacants, pour certaines opérations urgentes et ne pouvant être effectuées que sur place.

Leurs attributions seront définies par instructions prises sur la proposition du directeur des domaines, de la propriété foncière et du cadastre.

ART. 17. — Le fonctionnement de l'organisme extérieur est surveillé et contrôlé par des vérifications sur place portant sur chacune des parties du service.

ART. 18. — Sont et demeurent abrogées toutes dispositions contraires au présent arrêté qui sera publié au *Journal Officiel* de la Colonie.

Tananarive, le 2 juillet 1919.

SCHRAMECK.

# INSTRUCTIONS

**aux délégués des domaines relatives à l'application de l'arrêté du 2 juillet 1919, créant la direction des domaines, de la propriété foncière et du cadastre (*J. O.* du 3 avril 1920).**

Tananarive, le 27 mars 1920.

*Le directeur p. i. des domaines, de la propriété foncière et du cadastre, à Messieurs les receveurs et délégués des domaines,*

Les hésitations qu'il a été permis de constater chez les agents administratifs dans l'exercice des fonctions qui leur sont dévolues, en qualité de délégués des domaines, m'ont amené à préciser les instructions dont ces agents doivent s'inspirer pour rendre plus facile cette partie de leurs attributions dont la multiplicité peut égarer des fonctionnaires non spécialisés. En outre de la simplification de leur tâche, ces agents, intermédiaires directs des receveurs des domaines, dans la solution des affaires intéressant le service des domaines et de la propriété foncière, allégeront, dans l'accomplissement convenable de leurs fonctions, la part incombant aux receveurs des domaines chargés de la centralisation de ces affaires et éviteront les retards parfois longs que créent souvent leurs hésitations.

Aux notions générales qui découlent des textes réglementant ces attributions et auxquels je me référerai dans le cours des présentes instructions, j'ajouterai des détails d'ordre pratique pour en rendre l'interprétation plus facile et supprimer, autant que faire se peut, toute cause d'équivoque et d'erreur.

## Ventes mobilières ordinaires

L'arrêté du 12 octobre 1906 (*J. O* du 27 octobre 1906) dispose, dans son article 3, que dans les localités où il n'existe pas de receveurs des domaines, les ventes mobilières à réaliser pour le compte de la Colonie sont effectuées, après autorisation réglementaire, par un agent de l'administration locale, délégué des domaines, et dans les formes prescrites pour les aliénations du mobilier de l'Etat.

Cette autorisation, dont la justification est produite par le service qui fait la remise des objets à vendre, doit émaner de l'autorité compétente et être mentionnée sur l'état de remise prescrit par l'article 76 des instructions sur la comptabilité des matières, dont des exemplaires se trouvent au bureau de la comptabilité de chaque province.

Cette mention comporte nécessairement la date de l'approbation par M. le Gouverneur Général, ou par l'autorité compétente, du procès-verbal de condamnation dressé à cet effet.

La vente des objets ainsi condamnés est faite aux enchères publiques après un affichage d'au moins huit jours avant la date fixée pour l'adjudication et après insertion d'un avis au *Journal Officiel* de la Colonie, si l'importance de la vente paraît le nécessiter.

Le montant total des enchères est majoré de 5 0/0, tenant lieu des frais à verser par les adjudicataires et est réparti entre eux proportionnellement au prix principal qui incombe à chacun. Ce pourcentage est ajouté au prix principal de vente, et versé au trésor avec le prix, dans les formes ci-après indiquées.

Chaque vente donne lieu à la rédaction d'un procès-verbal établi sur un imprimé modèle 35 D. P. F., arrêté au produit principal de cette vente. A ce produit s'ajoutent, suivant le décompte indiqué au tableau décrit à ce procès-verbal, les 5 0/0 dont il a été ci-dessus parlé, déduction faite des droits d'enregistrement à 1 fr. 50 0/0 du montant principal de la vente (annexe I à l'arrêté du 5 novembre 1919 sur l'enregistrement, § I, n° 2).

Le produit principal, augmenté du surplus de la perception de 5 0/0, doit être versé intégralement au trésor.

Les frais divers de ces ventes sont, s'il y en a, soldés comme il est dit ci-après, mais ne doivent pas être déduits du montant brut de la vente, qui doit être versé au trésor, sous déduction des frais d'enregistrement comme il est dit ci-dessus, suivant ordre de versement établi au nom de l'agent qui aura procédé à la vente, c'est-à-dire, au nom de l'agent de l'administration locale remplissant les fonctions de délégué des domaines.

Récépissé de ce versement lui est délivré par le préposé du trésor, gérant de la caisse publique, qui l'aura reçu. Remise est en même temps faite au délégué des domaines d'un talon d'encaissement (modèle n° 42 D. P. F.), qu'il adresse, ainsi que le procès-verbal et les pièces justificatives de vente, au receveur des domaines de la circonscription intéressée, chargé de régulariser l'opération dans ses écritures.

Les pièces justificatives de vente comprennent notamment l'état prescrit par l'article 76 précité (décision du Gouverneur Général), et sont accompagnées, s'il y a lieu, des quittances de frais de vente (modèle n° 36 D. P. F.). Ces frais, dont le délégué est tenu de faire l'avance, donnent en outre lieu à l'établissement d'un état en double (modèle n° 215 D. P. F.) qui doit servir au mandatement au profit de l'intéressé, des sommes par lui avancées. Ce mandatement est provoqué par le receveur des domaines compétent.

Il convient d'attirer l'attention des délégués sur la nécessité de réduire autant que possible les frais de vente en considération du résultat peu important souvent obtenu pour les opérations de l'espèce. Des frais de transport toujours onéreux sont à éviter, soit en demandant au service qui fait la remise des objets à vendre de les transporter par ses propres moyens sur le lieu de la vente, soit en provoquant du chef de la province, la désignation de tout autre fonctionnaire de la localité où se trouvent les objets, si celle-ci est en dehors de la résidence du délégué titulaire. Il en est de même des frais d'affichage, de publication et de criée, qu'il est dans l'intérêt de la Colonie d'éviter en faisant assurer l'exécution de ces opérations par les fonctionnaires indigènes de la localité. Il ne doit, en effet, échapper à aucun des agents de l'ordre administratif que tous doivent prêter leur concours au délégué, puisqu'il s'agit de l'intérêt de la Colonie.

De même que les frais de vente dont la nécessité aura été reconnue, la remise de 1 0/0 allouée au délégué des domaines sur le produit principal des ventes (article 3 de l'arrêté du 10 octobre 1906) ne doit jamais être déduite directement du montant de ces ventes et encaissée par les délégués. Elle leur est payée en un mandat spécial sur état en double (modèle n° 215 D. P. F.) rempli par les intéressés et adressé au receveur des domaines du ressort.

## Fourrière

La vente des objets et animaux provenant de la fourrière se fait de la même manière que celle ci-dessus indiquée, conformément à l'article 3 de l'arrêté du 12 octobre 1906.

Les arrêtés des 22 mai 1907, 21 août 1908 et 30 avril 1909 qui règlent le fonctionnement du service des fourrières fixent les tarifs à appliquer aux cas de l'espèce, sauf pour les fourrières régies par les communes où l'administrateur-maire peut modifier les tarifs et les délais fixés par les textes précités.

Tous les frais d'enregistrement ainsi que ceux occasionnés par la conduite, la garde et la nourriture des animaux mis en fourrière, doivent être déduits directement du produit de la vente. Seul le paiement des remises est, pour tous les cas, assuré par voie de mandatement dans les conditions prérappelées.

Il appartient aux délégués, pour la liquidation de ces frais, de veiller à ce que les tarifs ne soient jamais augmentés, les délais dépassés. Ils doivent, d'ailleurs, justifier du remboursement de ces frais par une quittance du préposé de la fourrière, à joindre au procès-verbal de vente, ainsi que la décision du chef de province autorisant la vente.

Le reliquat du produit de la vente est, après déduction des frais susmentionnés, versé au trésor suivant les prescriptions déjà édictées.

## Budget de l'assistance médicale indigène

Le produit des ventes réalisé pour le compte du budget de l'assistance médicale indigène, toujours dans les conditions de l'arrêté du 12 octobre 1906, doit conformément aux dispositions de la circulaire générale du 22 juillet 1910, être versé par les délégués entre les mains de l'agent-comptable de ce budget autonome, qui leur délivre récépissé de ce versement. Le compte courant du service des domaines ne devra à aucun titre être affecté de ces opérations.

Les frais et les remises leur sont mandatés par l'ordonnateur du budget autonome, au vu d'états arrêtés par les intéressés, appuyés des pièces justificatives réglementaires et visés par le chef de la province.

Copies des procès verbaux de vente de cette nature sont envoyées au receveur des domaines du ressort, accompagnées du récépissé de versement des fonds au comptable de l'assistance médicale.

**Ventes effectuées pour le compte du service du ravitaillement**

L'arrêté du 2 octobre 1917 (*J. O.* du 15 octobre 1917) a ouvert dans les écritures du trésor un compte spécial alimenté de toutes les réalisations, provenant de la vente aux enchères publiques des denrées acquises pour le ravitaillement de la population civile.

C'est donc à ce compte que doit être versé le produit des ventes de l'espèce sur ordre de recettes délivré par l'ordonnateur secondaire compétent.

Effectuées dans les conditions réglementaires, applicables aux ventes mobilières ordinaires, ces ventes ne diffèrent de celles-ci qu'en ce qui concerne le versement au trésor des fonds en provenant, qui ne sauraient affecter le compte courant du service des domaines. Toutes les prescriptions déjà relatées et concernant le remboursement des frais de vente et la perception de la remise de 1 0/0 subsistent intégralement pour ce genre de réalisation.

**Liquidation des stocks de guerre**

Les opérations auxquelles donneront lieu les recettes provenant des ventes de toute nature effectuées sur les stocks de guerre à liquider, appartenant à l'Etat, sont définies par les instructions de la direction générale de la comptabilité publique du 23 mai 1919.

Une note de service de la direction des domaines du 29 juillet 1919 prescrit aux receveurs de faire figurer le produit des ventes de l'espèce, dans la comptabilité sous la rubrique : Produit des domaines. — Liquidation des stocks.

Les sommes recouvrées à ce titre ne devront donc pas affecter le compte courant des domaines.

**Comptabilité**

Les règles de la comptabilité prescrites aux délégués des domaines sont indiquées dans la circulaire du 31 décembre 1906 (*J. O.* du 1er juin 1907). Elles disposent que, d'une manière générale, tous les produits domaniaux encaissés par les délégués doivent l'être sur ordre de versement dont le talon d'encaissement, en même temps que les pièces justificatives des recettes, sont adressés au receveur du ressort avec le bordereau récapitulatif du modèle n° 196 D. P. F.

Ces encaissements sont faits au titre du compte courant du service des domaines, sauf les exceptions ci-dessus fixées pour les budgets de l'assistance médicale, du ravitaillement et de la liquidation des stocks de guerre.

### Timbre (approvisionnement)

Une circulaire du 13 mars 1918 (*J. O.* du 13 avril 1918) a modifié le mode d'approvisionnement et de vente des timbres fiscaux fixé primitivement par les circulaires du 21 mai 1907 (*J. O.* du 1er juin 1907) et du 22 décembre 1909 (*J. O.* du 25 décembre 1909).

Toute comptabilité des opérations de débite auxiliaire par les délégués a été supprimée par la circulaire précitée du 13 mars 1918. Le renouvellement du premier approvisionnement déjà constitué dans les conditions de ce texte se fait directement, auprès du receveur des domaines du ressort, par le versement du montant des quantités de figurines nécessaires au remplacement des quantités débitées. Ce versement a lieu en un mandat poste, sans frais, transmis au receveur susdésigné, en même temps que l'état réglementaire, où sera mentionnée dans la colonne *ad hoc* la remise de 2 fr. 50 0/0 déduite du montant de la valeur des timbres demandés. Cette remise est donc perçue directement par le débitant auxiliaire.

### Enregistrement et timbre

Un arrêté du Gouverneur Général (en date du 23 mars 1920 (*J. O.* du 27 mars 1920) pris en exécution de la réglementation du droit d'enregistrement et de timbre, autorise les délégués des domaines à suppléer par l'apposition de timbres à la formalité de l'enregistrement de certaines catégories d'actes. Ils n'auront pas, en conséquence, à tenir les registres réglementaires en usage dans les recettes conservations. La plupart des actes qu'ils auront à formaliser sont assujettis aux droits fixes ou proportionnels énumérés dans la tarification annexée aux arrêtés du 5 novembre 1919 (*J. O.* du 13 mars 1920). La quotité des nouveaux timbres créés et dont l'approvisionnement se fera dans les conditions prérappelées, leur permettra de faire usage de ces figurines dans tous les cas qui leur seront soumis. L'annulation de ces timbres apposés sur les actes formalisés, devra être faite par leurs soins de façon que le texte, la signature et la date débordent de chaque côté du timbre annulé. Il en sera de même des amendes de contravention qu'ils auront à relever contre le défaut d'application des dispositions des arrêtés du 5 novembre précités.

Comme intermédiaires des receveurs des domaines, les délégués seront appelés à recevoir des contribuables le dépôt d'actes dont l'enregistrement sera obligatoire au siège de la recette-conservation. Ce dépôt ne sera effectué qu'en vue de la transmission au bureau compétent des actes à formaliser, sans qu'il puisse, en aucun cas, être considéré comme point de départ des délais d'enregistrement auxquels sont soumises certaines catégories d'actes. Cet intermédiaire est indiqué dans le seul but de faciliter une transmission d'acte par un organe administratif. Ils auront, en conséquence, toutes les fois que des dépôts de ce genre leur seront effectués, à s'assurer que les délais réglementaires pour l'envoi, à temps, au bureau d'enregistrement, ont été observés, et à procéder immédiatement à la transmission des actes sujets à la formalité.

Au surplus, si des difficultés d'interprétation des textes réglementant l'application des nouveaux impôts devaient les embarrasser, ils en référeraient au receveur des domaines de leur ressort qui ne manquera pas de leur donner toutes indications et toutes précisions utiles dans le mode de recouvrement des nouvelles taxes.

## Curatelle

Les fonctions de délégué de la curatelle sont définies dans la circulaire du 6 octobre 1901 (*J. O.* du 26 octobre 1901) et complétées par celles du 21 novembre 1902 (*J. O.* du 29 novembre 1902) et 14 avril 1906 (*J. O.* du 16 juin 1906). Les prescriptions de ce texte ne comportent aucune difficulté d'interprétation et il suffira aux délégués de s'y reporter pour avoir toutes précisions sur les attributions qui leur sont confiées. Je me permettrai de leur rappeler seulement que le produit des successions vacantes dont ils ont l'administration, par délégation du curateur principal, doit être transmis intégralement à celui-ci, et qu'ils ne doivent payer les dettes des liquidations qu'après lui en avoir référé. Ces dépenses soumises obligatoirement à la taxe préalable du président du tribunal ou du juge de paix à compétence étendue, sont acquittées sur état d'émargement du modèle n° 197 D. P. F.. Ce document doit être signé par les parties prenantes qui acquittent également les mémoires ou états justifiant la dépense. Si ces parties ne savent pas signer, le paiement doit être fait 1° si la somme est inférieure à 150 francs, en présence de deux témoins qui signent avec le délégué l'état d'émargement et le mémoire ou l'état ; 2° si elle est supérieure à 150 francs, la quittance doit être donnée par devant notaire : les règles de la comptabilité des délégués de la curatelle sont définies par la circulaire du 14 avril 1906 précitée. Toutes les indications nécessaires à la tenue des registres de consistance et de liquidation y sont décrites avec clarté. Les seules difficultés, qui pourraient surgir au cours des liquidations poursuivies par les délégués, ne paraissent devoir être d'ordre purement juridique. Il appartient, dans ce cas, au curateur principal de les trancher. Il leur suffira de lui en référer toutes les fois que les liquidations présenteront un caractère litigieux.

Les remises qui sont attribuées aux délégués par la circulaire du 21 novembre 1902 (*J. O.* du 29 novembre 1902) sur les recettes et les dépenses, effectuées par eux sur la base de 1 0/0 du montant de ces opérations, leur sont payées par le curateur, en fin d'année, ou en fin de gestion, au moment où celui-ci obtient du tribunal la taxation de ses propres remises, à l'apurement de ses comptes de gestion. Les délégués transmettront donc au curateur de leur ressort, à l'époque indiquée, un état du modèle n° 151 D. P. F. établissant le montant des opérations effectuées pour le compte de chacune des liquidations, et la remise proportionnelle qui leur est attribuée en raison de ces opérations.

L'arrêté de réorganisation du service des domaines du 2 juillet 1919, paru au *J. O.* du 20 mars 1920, confie aux receveurs des domaines la gestion des successions vacantes indigènes. La circulaire ci-après insérée, précise les conditions dans lesquelles cette gestion devra être assurée par les agents des domaines. Les attributions des délégués des domaines sur ce point spécial, y sont nettement définies, je ne puis que vous inviter à vous référer à ces instructions où vous puiserez toutes indications utiles sur le fonctionnement de ces nouvelles attributions.

### Domaines

Un règlement domanial, dont la promulgation à l'*Officiel* se fera incessamment, définit les attributions des délégués des domaines dans la solution des affaires domaniales dont ils auront à connaître. Les prescriptions spéciales qui y sont insérées déterminent les règles à suivre en la matière. Vous voudrez bien vous y référer.

### Correspondance

Toute correspondance des délégués doit être adressée au receveur sous le couvert de leur chef de province. Le receveur des domaines transmet la sienne de la même façon. Il importe que cette règle soit observée pour maintenir le principe du bon fonctionnement de l'organisme administratif dans son ensemble et dans toutes ses parties, ainsi que le définit la circulaire du 15 février 1918.

∴

En résumant ainsi les fonctions qui sont dévolues aux agents administratifs, délégués des domaines, et en leur rappelant les textes qui règlent les attributions qui en découlent, j'ai tenu à leur donner les précisions qui leur permettront de remplir ces fonctions avec célérité et satisfaction.

Intermédiaires des agents des domaines spécialisés, ils pourront consulter avec fruit les receveurs de leur ressort sur la marche à suivre des affaires qui leur paraîtront présenter des difficultés. Mais les grandes lignes, tracées par les présentes instructions, faciliteront, certainement, l'accomplissement de leur tâche, dans le règlement des affaires où ils s'attacheront à apporter, j'en suis sûr, la meilleure volonté.

*Le directeur p. i. des domaines,*
*de la propriété foncière*
*et du cadastre,*

A. LOTA.

APPROUVÉ :
Tananarive, le 2 avril 1920.
*Le Gouverneur Général p. i.*
GUYON.

## CIRCULAIRE

**relative à la gestion des biens dépendant des successions vacantes indigènes. (Exécution de l'arrêté du 2 juillet 1919, articles 4, § 3, attribuant à la direction des domaines, de la propriété foncière et du cadastre la gestion des successions vacantes indigènes)** (*J. O.* du 3 avril 1920).

---

Tananarive, le 29 mars 1920.

*Le Gouverneur Général p. i. de Madagascar et Dépendances, officier de la Légion d'honneur à MM. le directeur des domaines et les chefs de province.*

Un arrêté du 6 février 1900 (*J. O.* du 21 février), ensemble la circulaire du 9 du même mois (*J. O.* du 24 février 1900), ont prescrit la remise aux chefs de province, des successions vacantes indigènes, jusqu'alors gérées par les receveurs des domaines, curateurs d'office.

Le service de la curatelle a, dès lors, fonctionné sous l'autorité d'organismes administratifs différents. Or, la législation de la curatelle coloniale (décret du 27 janvier 1855, arrêté ministériel du 20 juin 1864) n'établit aucune distinction à cet égard. Bien plus, aux termes de l'article 94 du décret du 30 décembre 1912, sur le régime financier des colonies, un service unique est appelé à prendre en mains les intérêts des absents.

En conformité de ces prescriptions, et par application de l'article 1er du décret du 27 janvier 1855, qui charge les receveurs de l'enregistrement aux colonies de la gestion des biens vacants, l'arrêté du 2 juillet 1919 (*J. O.* du 20 mars 1920) qui a créé une direction des domaines, de la propriété foncière et du cadastre, a compris, expressément, dans les attributions de cette direction, l'administration des biens indigènes en curatelle.

Les curateurs d'office reprendront donc, à compter de la publication du dit arrêté, la gestion des biens vacants indigènes.

Mais il importe de préciser les conditions de leur intervention en cette matière, soit en envisageant le concours, qu'à défaut d'un personnel spécialisé, les agents de l'administration provinciale doivent leur prêter, soit au point de vue des règles mêmes de gestion, soit, enfin, en matière de comptabilité.

*Participation de l'administration provinciale.* — Comme par le passé, les fonctionnaires indigènes, désignés à cet effet par les différents règlements sur l'administration provinciale, (notamment arrêté du 15 juin 1904 pour les hauts plateaux), continueront à procéder aux différents actes que nécessite la gestion des successions vacantes, depuis les investigations propres à déterminer la vacance, jusqu'à la liquidation complète des biens héréditaires.

Ce faisant, ils agiront directement sous l'autorité et la surveillance des chefs de district, ou des délégués de curatelle, lorsque des agents de l'administration provinciale seront titulaires de ces dernières fonctions dans les districts.

Mais, les curateurs d'office, demeurant responsables de l'avoir successoral dont ils auront pris charge, pourront transmettre soit aux chefs de district, soit aux délégués de la curatelle, suivant les distinctions ci-dessus posées, toutes les instructions ou recommandations à suivre dans l'accomplissement des différents actes de gestion.

*Correspondance.* — En tout cas, la correspondance que nécessitera cette gestion sera adressée par les curateurs aux chefs de district ou aux délégués de curatelle et inversement par ces derniers fonctionnaires aux curateurs pour les communications provenant des agents indigènes.

*Règles de gestion.* — Les dispositions nouvelles n'ont, d'ailleurs, pas pour conséquence d'appliquer à l'administration des successions vacantes indigènes les règles prescrites pour la curatelle ordinaire et l'on conçoit qu'un même service puisse faire état de la législation française, métropolitaine ou coloniale, ou de la législation et des coutumes malgaches suivant le statut auquel ressortissent les différentes masses successorales.

*Enquêtes.* — Les fonctionnaires indigènes, qualifiés à cet effet, (gouverneurs madinika, gouverneurs, chefs de canton ou de tribu, etc.) procéderont donc, dans la forme et dans les conditions accoutumées, aux enquêtes prescrites pour rechercher l'état de vacance. Bien entendu, il importera de ne négliger, au cours de ces enquêtes, aucun des faits susceptibles de provoquer l'intervention immédiate du curateur intéressé.

*Inventaires.* — Lorsque les successions seront présumées vacantes, les mêmes agents auront à établir, selon la forme en usage, l'état détaillé, ou l'inventaire des biens successoraux.

Ce document étant la base de la liquidation en curatelle, je ne saurais trop recommander aux chefs de district et aux délégués de curatelle de veiller à ce qu'il soit établi avec la plus grande exactitude et en toute sincérité.

Etant donnée l'urgence de l'appréhension des biens, au cas de vacance, les fonctionnaires indigènes pourront dresser cet inventaire, immédiatement, sans attendre des instructions spéciales du curateur.

*Actes conservatoires, actes de dispositions.* — Pour la suite de la procédure, accomplissement des actes d'aliénation, passation de baux, paiements de créances, examen des oppositions aux paiements, d'une façon générale, pour tout acte susceptible d'amoindrir le patrimoine, ou de fixer l'emploi des capitaux héréditaires, l'initiative reste entière aux curateurs qui donneront les directives nécessaires aux délégués indigènes.

Il ne saurait être question de passer en revue tous les actes que peut nécessiter la gestion des biens vacants, le curateur, responsable, devant donner toutes les indications utiles, à ce sujet, et pouvant provoquer, s'il y a lieu, le contrôle des chefs de district ou des délégués de la curatelle.

*Manutention, comptabilité.* — Pour permettre aux curateurs de centraliser dans leurs écritures, les opérations extérieures portant sur les successions vacantes, il est indispensable que toutes les pièces, intéressant l'hérédité, leur parviennent dans le plus bref délai. (Actes de décès, procès-verbaux d'enquêtes, inventaires, ou états descriptifs, procès-verbaux de vente, pièces de recettes et de dépenses, etc.).

De même, les dossiers en instance de liquidation devront leur être adressés, d'urgence, s'il le faut avec les renseignements nécessaires pour la suite de la liquidation.

Quant à la comptabilité de la curatelle indigène, elle ne donnera lieu, jusqu'à nouvel ordre, à la tenue d'aucun registre dans les districts où ne résidera pas de délégué de la curatelle d'office.

Les recettes parviendront, dans ce cas, au curateur par mandats-poste, sans frais, appuyés des pièces justificatives. Il sera rendu compte des dépenses, autorisées par le curateur, par le simple envoi des titres de créances et des quittances remises par les parties prenantes, le cas échéant sur des états d'émargement.

Lorsqu'au contraire un délégué de la curatelle ordinaire sera installé dans le district, il centralisera les opérations dans les écritures qu'il tiendra en conformité des instructions données d'autre part.

L'organisation nouvelle ne modifie, du reste, pas les conditions réglementaires dans lesquelles le curateur opère actuellement, en tant que comptable.

Suivant les prescriptions de l'arrêté ministériel du 20 juin 1864, les curateurs continueront à tenir les comptes distincts des « successions vacantes » et des « successions en déshérence provisoire » ou « biens régis ».

Les opérations de ces comptes seront consignées, quel que soit le statut des biens appréhendés, sur une seule série de registres, sommier de consistance, grand livre journal, sommier des biens régis.

Le résultat des opérations comptables sera centralisé, au titre *ad hoc*, des opérations de trésorerie, dans les comptes de gestion établis par les agents en tant que receveurs des domaines.

Par voie de conséquence, contrairement aux errements actuels, les produits des successions vacantes indigènes ne devront plus être imputés au budget local. (Chapitre IV, article 3. — Recettes imprévues, successions indigènes en déshérence); les versements à intervenir devant affecter les comptes précités de trésorerie.

Dans ce sens, il importe de considérer que le produit des

successions vacantes ou en déshérence ne profite pas immédiatement à la Colonie. Dès l'instant, en effet, qu'aux termes du décret du 5 novembre 1909 (*J. O.* du 25 décembre 1909) la Colonie n'a la vocation héréditaire qu'à défaut de tout autre successible, les droits qui lui sont attribués par ce texte ne sont pas acquis immédiatement, mais subordonnés à l'absence de revendications pendant trente ans, de la part des ayants droit.

C'est seulement à l'expiration de la période trentenaire que le versement des produits attribués au budget local pourra s'imputer sur le chapitre IV (art. 3, recettes imprévues, successions en déshérence atteintes par la prescription).

Dans ces conditions, il y a intérêt à procéder en cette matière comme pour la curatelle ordinaire, la Colonie étant appelée à succéder de la même manière que l'État (art. 767 du code civil).

*Remises.* — Actuellement, les différents agents qui effectuent des recouvrements ou des paiements pour le compte des curateurs peuvent prétendre à des remises de 1 0/0 :

1° sur tous les recouvrements ;
2° sur les dépenses.

Ces remises sont attribuées et payées en vertu d'une circulaire du 21 novembre 1902.

Le principe posé par cette circulaire s'étendra dans les mêmes conditions à tous les agents indigènes qui auront régulièrement opéré des recouvrements et payé des dépenses au cours de la gestion des successions vacantes indigènes.

GUYON.

# RÈGLEMENT

**relatif à l'instruction des affaires domaniales par application de l'arrêté du 2 juillet 1919 créant une direction des domaines, de la propriété foncière et du cadastre.**
(*J. O.* du 8 mai 1920).

---

## TITRE Ier

## Principe directeur

1. L'arrêté du 2 juillet 1919, en créant une direction des domaines, de la propriété foncière et du cadastre, a fixé dans les grandes lignes, d'une part, les différentes matières administratives ressortissant à cette direction ; d'autre part, ses attributions dans chaque matière.

Il a principalement pour but de constituer un organisme responsable, vis-à-vis du Gouvernement Général, de toutes les affaires d'ordre foncier qui se lient si étroitement au mouvement de la colonisation dans la Grande Ile.

Cet organisme est, par là même, appelé à assurer l'instruction de toutes les questions domaniales (domaine privé forestier ou non forestier, y compris le domaine public).

Mais, il importe : 1° de prévenir toute hésitation de la part des divers services, qui ont à intervenir, soit directement, soit indirectement, dans la gestion du domaine, 2° de simplifier les formalités et de réduire au minimum les correspondances auxquelles doit donner lieu cette gestion.

Tel est l'objet du présent règlement.

∴

## TITRE II

## Dépôt et formes des demandes

2. **Réception des demandes par les chefs de province.** — Toute demande ayant pour objet l'acquisition, la concession, l'occupation, ou l'exploitation des biens domaniaux de l'État

---

NOTA. 1° Le projet de revision du régime domanial publié au *Journal Officiel* de la Colonie du 24 janvier 1920 pour faire l'objet d'une consultation générale tend à introduire dans la législation et l'administration des domaines à Madagascar et dans ses Dépendances, des simplifications nouvelles notamment par voie de décentralisation.

Il y est prévu entre autres dispositions que le Gouverneur Général pourra déléguer partie de ses pouvoirs au directeur des domaines et aux chefs de province, en matière d'attribution de concessions de terres.

2° L'arrêté du 10 février 1899 sur les concessions de terres encore en vigueur a été publié au *Journal Officiel* du 23 février 1899 (annexe I).

ou de la Colonie (urbains, ruraux, forestiers ou non, dépendances du domaine public) est adressée, en premier lieu, au chef de la province de la situation des biens.

3. Les intéressés peuvent, néanmoins, faire parvenir directement leur requête au Gouverneur Général (secrétariat général, direction des affaires civiles), mais comme en définitive le Gouverneur Général doit en saisir le chef de circonscription intéressé, il est préférable que les requêtes domaniales soient directement adressées à ce fonctionnaire.

4. Au surplus, toute demande adressée à d'autres fonctionnaires qu'aux chefs de circonscription, doit être transmise sans délai à ces derniers.

5. **Etablissement des demandes.** — Les demandes doivent comporter les indications, déclarations et justifications ci-après :

**Etat civil.** — 1° Nom, prénoms, surnoms, profession, domicile, nationalité, date et lieu de naissance (si le demandeur est indigène, l'âge approximatif suffit), état de célibataire, marié ou veuf, en cas de mariage date et nature du contrat de mariage, ou la mention qu'il n'y a pas eu de contrat de mariage.

**Sociétés.** — 2° En ce qui concerne les sociétés, leur raison sociale, leur siège social, la composition de leur conseil d'administration, les pièces justificatives des pouvoirs de leurs représentants et de leur constitution définitive, à moins que ces pièces n'aient déjà été déposées à la direction ou dans les bureaux des domaines.

**Application des règlements.** — 3° Déclaration d'avoir pris connaissance des règlements et engagement de s'y conformer dans toutes leurs prescriptions.

**Election de domicile.** — 4° Déclaration d'élection de domicile dans la province où est situé le terrain, que la demande vise l'occupation de ce terrain lui-même, ou l'exploitation de ses produits, ou encore l'utilisation des eaux.

En cas d'exploitation de terrains dépendant de plusieurs circonscriptions, élection de domicile dans la province où doit s'exercer l'exploitation principale

Faute de déclaration, toutes les pièces, relatives à l'instruction et à la solution de l'affaire, sont régulièrement notifiées au bureau de la province, soit de la situation du terrain, soit de l'exploitation, d'après les distinctions des deux premiers alinéas ci-dessus.

**But et moyens d'action.** — 5° Genre d'opérations, d'exploitations ou de cultures projetées ainsi que les moyens d'action que le demandeur compte employer dans l'entreprise envisagée.

**Désignation des terrains.** — 6° Pour l'exploitation du sol ou des produits du sol :

Situation géographique, limites, superficie et désignation nominative du terrain aux livres fonciers, s'il s'agit d'un terrain immatriculé.

**Concessions forestières.** — 7° En ce qui concerne les demandes de concessions forestières, indication détaillée de la nature des bois ou des produits dérivés qui feront l'objet de l'exploitation, déclaration du demandeur faisant connaître s'il fournira un cautionnement en numéraire ou s'il présentera une caution (article 16, nᵒˢ 2 et 7, et article 44 du décret du 28 août 1913, *J. O.* du 18 octobre 1913, annexe V).

Spécialement, indication de la nature des cultures à entreprendre, si la demande a pour objet la location de parcelles de forêts domaniales pour la culture sous bois (article 83, n° 4, du décret du 28 août 1913).

**Concessions d'eau.** — 8° En ce qui concerne les concessions d'eau, les demandes devront être établies dans les conditions de l'arrêté du 13 décembre 1913 (*J. O.* du 24 janvier 1914, annexe II).

**Signature.** — 9° Signature de la demande par l'intéressé ou par toute personne justifiant de pouvoirs réguliers.

Si le demandeur était illettré, sa pétition serait reçue et signée, conformément à son indication, par un agent européen de l'administration provinciale désigné à cet effet par le chef de province et en présence de deux témoins.

**Plans croquis.** — 10° Pour les exploitations du sol, de ses dérivés ou accessoires (notamment chutes d'eau).

6. **Production d'un plan croquis établi dans les conditions suivantes :**

**Echelle.** — L'échelle adoptée doit être suffisante pour que es limites en cause soient précisées et puissent être facilement retrouvées sur les lieux ; cette échelle sera autant que possible :

1° Pour les terrains urbains d'une surface inférieure à 50 ares, le 1/100 ou le 1/200 ; au-dessus et jusqu'à 5 hectares le 1/500 ou le 1/1.000 ; au delà le 1/2.000 ou le 1/5.000.

2° Pour les terrains ruraux d'une surface inférieure à 50 hectares, le 1/1.000 ou le 1/2.000 ;

Au-dessus et jusqu'à 1.000 hectares, le 1/5.000 ;

Au-delà, le 1/10.000.

**Indication du périmètre.** — Le périmètre de l'emplacement demandé (terrains, chutes, etc.) sera nettement précisé par un trait rouge.

**Tenants et aboutissants.** — Les propriétaires voisins seront, autant que possible, mentionnés ainsi que les noms des propriétés immatriculées limitrophes ou voisines avec leur numéro de titre, ou, si elles sont en cours d'immatriculation, le numéro correspondant de la réquisition.

*Détails du plan.* — Les accidents principaux du terrain,

les routes, les cours d'eau et points remarquables, les villages voisins seront figurés sur le croquis afin de préciser, aussi exactement que possible, la situation et les limites de ce terrain tant sur les lieux que sur la carte.

**Extrait de carte.** — Reporter dans un angle du plan-croquis un extrait de la carte du service topographique ou d'état-major, où le terrain sera repéré.

8. **Formules de demandes.** — Pour faciliter les démarches des intéressés, les receveurs des domaines, les gérants du bureau d'archives et les délégués des domaines dans les provinces, tiennent gratuitement à leur disposition des modèles de demandes les plus courantes (modèles n[os] 58, 59, 60, 61 de la nomenclature D. P. F., annexes VII).

∴

9. **Renouvellement de contrats.** — Les prescriptions ci-dessus n'auront pas à être suivies, lorsqu'il s'agira de solliciter le renouvellement ou la prorogation, dans les conditions primitivement arrêtées, des contrats passés avec le domaine.

En tous autres cas, l'exécution de ces prescriptions est instamment recommandée aux demandeurs pour hâter la solution des demandes. Leur inobservation entraînerait forcément des retards qui leur seraient imputables.

10. **Offices de renseignements.** — Les bureaux des domaines, qui constituent, avec les bureaux d'archives foncières, des éléments essentiels de l'organisme nouveau, sont normalement désignés pour guider les particuliers, soit dans l'établissement régulier de leurs demandes, soit dans le choix des terres, dont ils rechercheront la disponibilité à la lecture des cartes de colonisation, soit dans l'indication des modalités et conditions d'attribution du sol.

Ces bureaux deviennent ainsi de véritables offices de renseignements.

∴

## TITRE III

## Instruction des demandes

### CHAPITRE Ier

### Demandes adressées au Gouvernement Général

11. Ces demandes, qui doivent être centralisées par la direction des domaines, suivant les principes posés plus haut, sont transmises par le Gouvernement Général (Secrétariat général, direction des affaires civiles) au directeur des domaines, avec une note faisant connaître les vues de principe du chef de la Colonie.

12. Le directeur des domaines communique le dossier :

1° Au directeur des travaux publics, s'il s'agit du domaine public ;

2° A l'inspecteur général des services agricole et forestier, s'il s'agit du domaine forestier.

Après examen et avis de principe au point de vue de la technique des travaux publics, ou de la technique forestière, le dossier est retourné au directeur des domaines.

Celui-ci le communique ensuite au chef de province intéressé qui donne à la demande la suite prévue au chapitre ci-après :

CHAPITRE II

## Demandes parvenues dans les provinces

13. **Enregistrement des demandes.** — Toute demande adressée par les particuliers eux-mêmes ou transmise par le directeur des domaines au chef de la province, est enregistrée à la date de la réception sur un registre spécial (modèle n° 62 D. P. F.) ouvert dans chaque province ; il en est immédiatement donné récépissé ou accusé de réception.

14. Extrait de ce registre (modèle 62 *bis* D. P. F.) est transmis en double exemplaire trimestriellement, dans les dix jours qui suivent l'expiration du trimestre au Gouvernement Général (secrétariat général, direction des affaires civiles), avec indication de la suite donnée, ou du motif du retard apporté au règlement des affaires.

L'un des deux exemplaires est communiqué par le Gouvernement Général à la direction des domaines qui le complète de tous renseignements utiles sur l'état des affaires et le renvoie au Gouvernement Général.

15. **Transmission des demandes.** — Le chef de la province transmet la demande au plus tard dans les huit jours de sa réception, au receveur des domaines de la province, avec son avis succinct inscrit sur la chemise d'instruction. (N° 15 D. P. F.).

Mention de cette transmission est faite sur le registre d'enregistrement de la demande.

La suite de l'instruction des affaires s'opère, dès lors, d'après les distinctions suivantes :

CHAPITRE III

## Instruction au premier degré

### § 1. — PROVINCES OÙ EST INSTALLÉ UN BUREAU DES DOMAINES

16. **Affichage.** — Dès réception, le receveur des domaines fait afficher dans la localité de sa résidence aux lieux habituels, des placards (modèle n° 13 D. P. F.) informant le public de la demande.

Il envoie les mêmes, en nombre nécessaire pour une

large publicité, d'une part au chef de la province, pour information et affichage à la porte de ses bureaux, d'autre part au chef du district central, pour le même objet.

Si les terrains demandés sont situés en dehors de la résidence du receveur, ce dernier envoie les placards au chef du district intéressé chargé de faire procéder à l'affichage dans les villages voisins du lieu et, dans la mesure du possible, sur les terrains demandés.

Ces placards *restent affichés pendant quinze jours*, durant lesquels les revendications ainsi que toute autre demande portant sur le même terrain (*dans ce dernier cas, à peine de forclusion*) sont reçues à la province ou au district ou au bureau des domaines.

17. Les demandes ou revendications, reçues par la province ou le district, sont transmises immédiatement au receveur des domaines, centralisateur.

Celui-ci, dès l'expiration du délai d'affichage, adresse, s'il ne doit pas effectuer lui-même l'opération, tout le dossier à l'agent chargé de procéder à la reconnaissance des terrains, ainsi qu'il est dit ci-après.

18. **Repérage.** — En même temps que les formalités d'affichage sont requises, le receveur des domaines fait repérer sans retard sur la carte de colonisation le plan croquis de tout terrain sollicité.

Le repérage permet de vérifier si le terrain sollicité paraît disponible.

Au cas où il serait immatriculé au nom d'un tiers ou concédé, le receveur en avise le pétitionnaire sous couvert du chef de la province et la demande serait classée.

19. **Cartes forestières.** — A cet effet, la direction des domaines et l'inspection générale des services agricole et forestier tiennent concurremment la carte des forêts concédées dans la Colonie.

20. **Examen préliminaire.** — Avant de faire procéder à la reconnaissance des lieux, comme il est prescrit ci-après, l'agent des domaines, l'agent des travaux publics, ou l'agent forestier, suivant le cas, examinent respectivement, si, au point de vue des questions ressortissant à leur service, la demande est susceptible d'une suite favorable.

L'avis à formuler à ce sujet est consigné sur la chemise d'instruction en usage.

21. **Reconnaissance.** — Lorsque l'examen sommaire de la demande et le repérage n'ont révélé aucun fait qui rende inutile l'instruction sur place, la reconnaissance du terrain est poursuivie dans les huit jours de l'expiration du délai d'affichage, à la diligence de l'agent des domaines, des travaux publics ou des forêts.

1° *Terrains non forestiers.* — La reconnaissance doit être confiée, de préférence à un agent de la direction des domaines, de la propriété foncière et du cadastre; à défaut, à un agent du service de l'agriculture, ou à un agent de l'administration provinciale.

Toutefois, en considération de raisons particulières de politique indigène ou d'ordre administratif, le chef de la province ou le chef du district peut faire connaître au receveur des domaines la nécessité de réserver la mission de reconnaissance à un fonctionnaire européen de l'administration provinciale. Ces indications devront être données au receveur par le chef de province dès la réception des placards en vue de l'affichage.

2° *Terrains forestiers.* — La reconnaissance sera effectuée, en principe, par un technicien du service des forêts, ou à défaut par un agent administratif remplissant les fonctions de préposé des forêts ou, subsidiairement, par tout autre agent spécialement désigné par le chef de province.

3° *Terrains du domaine public.* — La reconnaissance est réservée exclusivement au chef du service régional des travaux publics ou à son délégué.

4° *Terrains urbains.* — En ce qui a trait aux terrains urbains du domaine public ou du domaine privé lotis ou non lotis, la reconnaissance est effectuée obligatoirement :

Dans les centres érigés en communes, par l'agent voyer communal ;

Dans les autres centres, par un agent des travaux publics désigné comme il est dit ci-dessus.

**22. Convocation.** — Dans tous les cas, le demandeur est convoqué et le chef de district sera avisé par les soins du receveur des domaines, ou de l'agent des forêts ou de l'agent des travaux publics, de la date fixée pour la reconnaissance.

L'opération a lieu également en présence des propriétaires et du fokonolona de la région ou de la localité, prévenus en temps utile par les autorités indigènes, qui seront toujours régulièrement convoquées à la diligence de l'agent chargé de la reconnaissance par l'intermédiaire du chef du district.

**23. Procès-verbal. — Conditions techniques.** — Les résultats de l'enquête administrative sont consignés sur un procès-verbal (modèle n° 12 D. P. F.).

Ce procès-verbal fait connaître, notamment, si, au point de vue de la technique forestière, ou des convenances du service des travaux publics, la demande peut être accueillie, et, dans cette hypothèse, il précise les *conditions techniques* à imposer au demandeur.

Il doit contenir, en outre, des propositions, quant à la redevance à exiger.

**24. Bornage.** — Pour éviter des frais et toute perte de temps, l'agent chargé de la reconnaissance procède en même temps au levé expédié du plan et au bornage effectif du terrain.

Le plan croquis dressé en suite de ces opérations servira désormais à l'instruction de la demande (1).

25. **Etablissement des projets de titres.** — L'enquête terminée, le dossier est transmis, sans retard, par l'agent qui y a procédé, au receveur des domaines, si celui ci n'a pas opéré lui-même.

Lorsque les demandes, concernant le domaine privé non forestier, auront quelque rapport avec d'autres catégories du domaine, le receveur ne manquera pas de consulter les agents concourant à la gestion de ces autres catégories du domaine.

26. Le receveur soumet ensuite, et d'urgence avec son avis, le dossier au chef de la province, qui le retourne au receveur, *dans les trois jours*, avec son avis et toutes observations utiles, en fournissant notamment son appréciation sur les moyens d'action du demandeur.

27. S'il n'est révélé aucun fait susceptible d'être un obstacle à l'attribution du terrain, ou de ses dérivés, suivant l'objet de la demande, le receveur établit le projet de contrat ou d'arrêté (titre de concession, bail, acte de vente, permis d'exploiter, arrêté d'occupation, décision, etc., etc.) où doivent être insérées toutes les charges et conditions proposées par le chef de la province, ainsi que celles techniques proposées par les agents des travaux publics, ou des forêts.

Le receveur requiert ensuite, directement, ou par l'intermédiaire du chef de province, la signature du demandeur, lorsqu'il s'agit de contrats synallagmatiques.

En matière d'utilisation du domaine public, et d'une manière générale, si l'occupation ou la concession ne demande qu'un arrêté, le dossier devra être complété, par une soumission, signée du demandeur, comportant acceptation des conditions imposées.

Dans le cas où la mise aux enchères s'imposerait, le cahier des charges serait établi dans les mêmes conditions que pour les contrats amiables énumérés ci-dessus.

28. S'il y a opposition du chef de province, ou si le demandeur n'accepte pas les conditions qui lui sont imposées, la question est soumise obligatoirement, à la décision du chef de la Colonie, par l'intermédiaire du directeur des domaines.

29. **Fin de la procédure.** — Le dossier complété par le projet de contrat ou d'arrêté, ainsi que par les certificats d'affichage, d'immatriculation et de situation financière du demandeur, est adressé par le receveur au chef de la province qui le transmet, avec son avis définitif, au directeur des domaines, lequel lui donne la suite indiquée au chapitre IV ci-après.

---

(1) Nota. — Des instructions sur le bornage des concessions, à l'usage des agents autres que les agents topographiques, leur seront adressées dès réception des instruments nécessaires pour leur permettre d'établir des croquis suffisants.

### § II. — PROVINCES OÙ N'EST [illegible]AS INSTALLÉ UN BUREAU DES DOMAINES

30. L'instruction au pr[illegible]e degré dans ces provinces se poursuit en principe de la [illegible] manière et dans les mêmes conditions que celles in[illegible]as le § I du présent chapitre.

Toutefois, le rôle ec[illegible]ué au receveur des domaines est dévolu, conformément aux a[illegible]tes 15 et 16 de l'arrêté du 2 juillet 1919, à l'agent topographe e[illegible]opéen chargé du bureau d'archives foncières, ou à défaut au délégué des domaines se trouvant au chef-lieu de la province.

Lorsque l'affaire ou la rédaction des titres présentera des difficultés d'ordre juridique, le chef de la province devra en saisir, par les voies les plus rapides, le receveur des domaines du ressort.

## CHAPITRE IV

31. **Instruction au second degré, contrôle, solution.** — Lorsque l'instruction au premier degré est achevée, le chef de province en possession du dossier, que lui a transmis l'agent des domaines, (receveur, gérant du bureau d'archives, délégué des domaines), en fait l'envoi direct au directeur des domaines.

32. S'il s'agit d'affaires concernant le domaine public (occupation des pas géométriques, concessions d'eaux etc.), ou de celles relatives au domaine forestier (concessions forestières, permis de coupes, etc.), ou non forestier, mais rural (bail, concession ou vente de terrains en vue de l'agriculture ou de l'élevage), le directeur des domaines provoque directement l'avis du directeur des travaux publics ou de l'inspecteur général des services agricole et forestier. Ceux-ci formulent leurs observations sur les points spéciaux intéressant, soit le service des travaux publics, soit le service agricole et forestier, et retournent d'urgence le dossier au directeur des domaines.

33. **Consultation des autres services.** — Au cas où d'autres services seraient intéressés à la solution de l'affaire, le directeur des domaines, qui s'assure de la régularité de la procédure, vérifie les documents produits, les fait régulariser, s'il y a lieu, et provoque, directement, tous renseignements complémentaires utiles.

34. **Décision.** — Il peut se faire alors ou bien que les oppositions ou objections présentées au cours de l'instruction ne permettent pas de conclure immédiatement à la délivrance d'un titre, ou bien, inversement, que le directeur des domaines estime devoir proposer la signature de ce titre.

35. Dans le premier cas, le directeur des domaines soumet le dossier, au Gouverneur Général (secrétariat général) pour décision de principe.

Au dossier, il joint une note explicative sur l'affaire, avec ses propositions.

36. Dans le second cas, le directeur des domaines adresse le

dossier, avec son avis, au directeur du contrôle financier, qui lui en fait retour avec son visa ou ses observations.

Ce dossier est complété par tous projets de contrats, arrêtés, décisions, lettres, télégrammes, etc., sur lesquels le chef de la Colonie est appelé à apposer sa signature.

**37. Centralisation des dossiers.** — Après solution, le secrétariat général renvoie les dossiers à la direction des domaines chargée de la conservation des archives domaniales et foncières.

**38. Notification de la décision.** — Le directeur des domaines notifie à tous les intéressés la décision du chef de la Colonie.

Cette notification s'opère sous forme de lettres adressées aux particuliers, sous couvert des chefs de circonscription, lorsque la solution des affaires n'a pas abouti à la signature de contrats. Dans l'hypothèse inverse, les particuliers sont informés de la décision intervenue par la délivrance d'expéditions ou d'ampliations (photos-bleus joints, le cas échéant) que les agents des domaines sont chargés de leur remettre, après avertissement, et paiement, s'il y a lieu, des redevances exigibles.

Tous les services qui ont contribué à l'instruction de l'affaire, ainsi que les provinces intéressées reçoivent également, par les soins de la direction des domaines, les copies ou ampliations nécessaires avec plans y annexés.

## TITRE IV

### Exécution

**39. Exécution.** — Elle incombe, ou concurremment ou distinctement, à la direction des domaines, à la direction des travaux publics, ou à l'inspection générale des services agricole et forestier d'après leurs attributions respectives telles qu'elles sont fixées par l'arrêté du 2 juillet 1919.

**40. Clauses conditionnelles des contrats.** — D'une façon générale, les contrats domaniaux peuvent être soumis à l'exécution de certaines conditions dont l'accomplissement doit être constaté avant l'attribution de droits définitifs. Il en est ainsi, notamment en matière de concessions de terrains domaniaux qui doivent être immatriculés et mis en valeur, dans un délai déterminé dans chaque contrat.

**41. Immatriculation.** — Les concessionnaires ont intérêt à engager la procédure d'immatriculation auprès du conservateur de la propriété foncière, dès la délivrance du titre provisoire, ou au plus tard, dans le courant de l'année de cette délivrance en raison de la durée de cette procédure.

L'accomplissement rapide de cette formalité est d'autant plus essentiel que l'immatriculation doit précéder la constatation de mise en valeur.

**42. Constatation de la mise en valeur.** — En vue d'opérer cette constatation, les conservateurs de la propriété foncière préviendront les chefs de province et les intéressés de l'établissement des titres fonciers.

La constatation de mise en valeur des concessions a lieu, en principe, sur la demande du concessionnaire, dès que ce dernier, prévenu de l'établissement du titre foncier, sollicite la réunion de la commission réglementaire. Cette commission composée du chef de province ou de son délégué, du délégué du directeur des domaines (1), du concessionnaire, ou de son mandataire régulier, se rend sur le terrain dans le plus bref délai possible. Le concessionnaire, ou son mandataire régulier, est convoqué cinq jours au moins à l'avance par avis (modèle n° 63 D. P. F.) avec accusé de réception.

**43. Rapport de mise en valeur.** — Cette commission établit un rapport détaillé (modèle n° 21 D. P. F.) des constatations par elle faites en se reportant au plan d'immatriculation de la concession. Chaque membre y consigne, en outre, ses observations personnelles.

Ce document doit mentionner spécialement : 1° l'importance, la nature, et la destination des constructions édifiées, leur utilisation ; 2° la superficie des terrains effectivement mis en exploitation ; 3° la nature, l'étendue et l'âge des diverses cultures ; 4° les procédés employés, les essais tentés, les efforts accomplis ; 5° les résultats obtenus ; 6° le nombre des têtes de bétail inscrites aux rôles ; 7° le but de l'exploitation, les industries entreprises, le personnel employé ; 8° les capitaux engagés et ceux dont peut disposer le concessionnaire.

La commission fait enfin connaître son avis sur la suite qu'il convient de donner à la demande de concession définitive formulée par le concessionnaire (délivrance d'un titre définitif pour la totalité de la propriété ; octroi d'une partie seulement de la propriété en précisant, sur une reproduction du plan de l'immeuble, les parcelles pouvant être concédées, et retrait du surplus du terrain ; délai supplémentaire pour complément de mise en valeur.)

**44.** Il ne saurait être indiqué, d'une manière absolument précise, quels sont exactement les travaux pouvant caractériser la mise en valeur d'un terrain, celle-ci pouvant se manifester sous des aspects différents suivant les régions et le but poursuivi par le concessionnaire.

Il est nécessaire cependant d'insister sur ce point que toute mise en valeur ne saurait se traduire autrement que par la réalisation d'une œuvre utile permanente et d'une importance proportionnelle à l'étendue de la propriété.

La commission s'inspirera de ces directives pour rapporter des appréciations aussi exactes et précises que possible.

---

(1) Agent de l'inspection générale des services agricole et forestier, s'il s'agit de terrains de culture ou d'élevage ; agent des T. P., s'il s'agit de terrains à bâtir ; à leur défaut, agent de l'administration provinciale désigné par le chef de province.

45. **Titres de concession définitive.** — Le rapport relatif à la mise en valeur du sol est adressé par le président de la commission à l'agent des domaines de la circonscription intéressée (receveur, gérant du bureau d'archives ou délégué des domaines) qui, si les conclusions en sont favorables, établit un projet de titre comportant concession définitive. Ce projet et le dossier correspondant, complété de toutes les pièces d'ordre intérieur, sont transmis au chef de province.

L'instruction au 2e degré se poursuit ensuite conformément au chapitre IV ci-dessus pour aboutir à la décision du Gouverneur Général.

Les expéditions des contrats ainsi passés sont délivrés par le directeur des domaines, comme il est prescrit plus haut.

46. **Documents complémentaires des titres.** — Outre l'accomplissement des conditions précitées (immatriculation, mise en valeur) la formation définitive des contrats domaniaux de toute nature peut être subordonnée à la détermination ultérieure de quelques éléments, tel que le prix notamment dont les bases seules sont indiquées dans les titres.

47. **Procès-verbal de récolement. — Force motrice.** — Il en est ainsi, notamment, pour les permissions d'usines hydrauliques, lorsque la redevance est calculée en raison de la puissance, non fixée à priori, de la force motrice employée.

Les procès-verbaux de récolement dressés par un agent des travaux publics à la diligence du directeur des travaux publics, c'est-à-dire les procès-verbaux constatant, en pareil cas, l'exécution des travaux entrepris sont adressés par la direction des travaux publics à la direction des domaines.

Tous autres documents concernant la formation définitive des contrats sont adressés directement par les agents qui les ont établis à leur chef de service régional qui les transmet au receveur des domaines de sa circonscription.

48. **Déchéance totale ou partielle.** — L'instruction des charges et conditions stipulées dans les titres, ou l'accomplissement de partie seulement de ces clauses et conditions, entraînent l'annulation totale ou partielle des droits conférés.

49. **Domaine public et domaine forestier.** — Les propositions, formulées dans ce sens, par le directeur des travaux publics, s'il s'agit du domaine public, ou par l'inspecteur général des services agricole et forestier, s'il s'agit du domaine forestier, sont adressées au directeur des domaines qui les transmet pour avis au chef de la province intéressé ; celui-ci les adresse pour la suite à donner au receveur des domaines du ressort.

Si les propositions émanent des agents de la circonscription, elles sont adressées directement au chef de la province qui les transmet, avec son avis, au receveur des domaines Celui-ci leur donne toute suite utile.

50. **Concessions agricoles.** — *Constatation de mise en valeur.* — Le concessionnaire sera mis en demeure par le rece-

veur des domaines, dès l'expiration du délai imparti au contrat de concession, d'avoir à faire constater l'état de sa propriété.

51. **Constatation d'office.** — *Si*, dans un délai d'un mois, il ne satisfait pas à cette mise en demeure, le receveur provoque, auprès du chef de la province, la réunion d'office de la commission réglementaire prévue ci-dessus.

En cas d'absence du concessionnaire, ou de son mandataire régulier, le rapport mentionne les convocations adressées au concessionnaire. Il est ensuite notifié à ce dernier, ou, si sa demeure est inconnue, affiché sur la concession et au chef-lieu du district. Le dossier doit contenir la justification de l'accomplissement de ces formalités essentielles.

52. **Délai supplémentaire**. — La commission devra toujours se réunir pour examiner, le cas échéant, la demande de prorogation de délai de mise en valeur. Cette prorogation ne pourra être accordée que par suite de circonstances de force majeure.

Dans tous les cas où des causes d'annulation sont retenues, le receveur dresse un projet d'arrêté prononçant la déchéance, totale ou partielle, du concessionnaire, et le soumet, avec le dossier, au chef de province, qui formule son avis, et en assure la transmission au directeur des domaines.

Le registre spécial (modèle n° 62 D. P. F.) prescrit sous le titre III, chapitre II, mentionne la réception et la transmission, par le chef de province, du projet d'arrêté de déchéance.

L'examen du projet a lieu, ensuite, conformément aux règles du titre III, chapitre IV (instruction au second degré).

53. **Notification de l'arrêté.** — L'arrêté d'annulation totale ou partielle est ensuite notifié à l'intéressé par les soins du receveur des domaines de la circonscription. En cas d'absence, ce document est affiché pendant dix jours au lieu habituel des avis officiels, et un certificat constate l'accomplissement de cette formalité.

## TITRE V

### Procédures et affaires spéciales

54. Le titre III ci-dessus trace les règles à suivre dans la généralité des cas.

Le présent titre est réservé aux dispositions exceptionnelles, tenant à des particularités de l'instruction domaniale, ou à l'importance de certaines affaires.

55. **Demande soulevant des difficultés d'ordre général.** — Lorsque la province est en possession, pour la première fois, d'un dossier qui, *a priori*, ne paraît pas devoir être soumis immédiatement à l'instruction ordinaire, pour des raisons administratives, économiques ou politiques d'ordre général, le chef de province en réfère à la direction des domaines *dans les huit jours au plus tard* de la réception de la demande ou du dossier. Mention de cette transmission est faite sur le registre d'enre-

gistrement des demandes (modèle n° 62 D. P. F.). La direction des domaines soumet l'affaire d'urgence au Gouverneur Général (secrétariat général).

Suivant la décision du chef de la Colonie, qui est, notifiée au chef de la province par le directeur des domaines, l'affaire est instruite dans les formes et conditions ordinaires ou considérée comme solutionnée.

56. **Grandes concessions, concessions spéciales.** — Toutes les affaires domaniales, portant sur de grandes superficies ou présentant un caractère spécial, telles que : exploitation des produits naturels du domaine, portant sur de grandes superficies (plus de 10.000 hectares), grandes concessions pour l'élevage (plus de 5.000 hectares), concessions pour l'agriculture (au-dessus de 1.000 hectares), concessions forestières (plus de 1.000 hectares ; occupation de terrains pour l'installation des grands établissements industriels, etc.) seront obligatoirement transmises par le chef de province au receveur des domaines du ressort, après examen par le gérant du bureau d'archives ou le délégué des domaines du chef-lieu, et ce, alors même que les affaires ne paraîtraient soulever aucune difficulté d'ordre juridique.

Dans sa transmission au receveur, le chef de province devra consigner les observations et propositions d'ordre administratif, économique ou politique, qu'il aurait à formuler.

Le receveur des domaines adresse ensuite, par l'intermédiaire du chef de la province, au directeur des domaines le dossier complété de tous documents utiles, après avoir formulé son avis.

La procédure se poursuit alors comme il est indiqué au chapitre IV ci-dessus.

57. **Terrains immatriculés.** — La disponibilité des terrains de cette catégorie étant immédiatement établie par le repérage et par la consultation des livres fonciers, aucune reconnaissance ne sera nécessaire pour l'examen des demandes de l'espèce, le surplus de la procédure (titres III et IV) devant seul être observé.

58. **Terrains urbains lotis.** — Le lotissement des terrains urbains exige une reconnaissance et un bornage qu'il n'est pas nécessaire de reprendre lors de l'instruction des requêtes visant ces terrains.

59. **Carrières domaniales.** — Les prescriptions en vigueur (circulaire du 11 juillet 1907, *J. O.* du 27 juillet 1907 ; circulaire du 24 février 1912, *J. O.* du 2 mars 1912, annexes III), distinguent :

**1er cas.** — **Les exploitations de durée ayant pour objet l'extraction de quantités importantes de matériaux ;**

**2e cas.** — **Les exploitations passagères portant sur de petites quantités de matériaux à extraire pour des travaux spéciaux peu importants.**

60. **Premier cas.** — **Le droit d'exploitation comporte l'*occupation du sol* et est accordé sous forme de location, soit par**

adjudication publique, soit à l'amiable. Les demandes de l'espèce sont instruites, solutionnées et exécutées comme en matière ordinaire, c'est-à-dire d'après les dispositions du titre III, chapitre III (reconnaissance). Mais, il y a lieu de préciser, au procès-verbal de reconnaissance, l'importance et la qualité du gisement, ses conditions d'accès, sa situation par rapport aux centres voisins et les débouchés qui sont offerts à l'exploitation.

Les résultats de cette enquête, qui aura lieu par les soins de l'agent désigné pour la reconnaissance du terrain, seront consignés au procès-verbal de reconnaissance domaniale.

61. Second cas. — L'autorisation a exclusivement pour objet le droit d'extraction des matières.

La demande en est adressée au chef de province, qui la fait parvenir sans délai au chef du service régional des travaux publics aux fins d'enquête.

Le chef du service régional désigne l'agent des travaux publics qui doit procéder d'urgence à l'enquête ; celle-ci doit indiquer, notamment, l'importance, la qualité et l'utilisation des matériaux ainsi que les conditions d'accès et d'extraction. Le chef de district qui devra être convoqué à l'enquête par le dit agent fera toutes observations utiles.

62. En transmettant les résultats de cette enquête au chef du service régional, l'agent des travaux publics formule son avis, dans un rapport succinct, sur les conditions de l'autorisation, et notamment, sur les redevances à exiger.

Le dossier ainsi composé est transmis au receveur des domaines, qui le fait parvenir au chef de province en formulant son avis sur le montant des redevances à stipuler.

63. Si les résultats de l'enquête et les divers avis formulés sont favorables, le chef de la province délivre un permis d'extraction temporaire (modèle 64 D. P .F.). Dans le cas contraire, le dossier est transmis par ce fonctionnaire au directeur des domaines pour décision du Gouverneur Général.

64. Dans les localités où il existe un bureau des domaines, les originaux des permis seront transmis par les chefs de province au receveur des domaines, chargé d'assurer le recouvrement des redevances.

65. Partout ailleurs, ces originaux seront remis directement par le chef de province au délégué des domaines, ou au gérant du bureau d'archives, qui les fera parvenir au receveur des domaines du ressort, en même temps que le talon d'encaissement justifiant le versement des redevances au compte courant des domaines.

66. **Tourbières domaniales**. — L'exploitation des tourbières est autorisée d'après un arrêté du 15 janvier 1910 (*J. O.* du 22 janvier 1910, annexe IV) sous forme de location des terrains domaniaux comportant ces gisements.

La demande est adressée au chef de province et est accompagnée d'une déclaration faite en deux exemplaires, énonçant les nom, prénoms et demeure du déclarant, et indiquant le mode d'exploitation adopté : cette déclaration doit, en outre, spécifier si l'extraction sera faite à la main ou par des moyens mécaniques. Elle doit mentionner enfin le nombre maximum d'ouvriers qui seront employés à l'extraction.

La même déclaration est appuyée d'un croquis du terrain dans la forme prescrite par le titre II n° 6 ci-dessus.

67. La demande est alors instruite conformément aux prescriptions du titre III ; le procès-verbal devra donner les précisions indiquées au n° 56 ci-dessus.

68. **Permis d'exploitation forestière jusqu'à 100 hectares.** — Lorsque les permis d'exploitation forestière sont signés, dans la limite de leurs pouvoirs, par les chefs de province, qui actuellement les délivrent jusqu'à 100 hectares de superficie (article 18 du décret du 28 août 1913), il va sans dire que l'instruction au second degré ne doit pas avoir lieu.

Le dossier de ces permis, transmis par l'agent des domaines au chef de province, est renvoyé, après signature du titre, au receveur conservateur de la circonscription judiciaire, chargé de la conservation des minutes et de la délivrance aux intéressés, notamment au chef de province, des expéditions, copies et photos bleus nécessaires, notamment au chef de province.

Le refus ne peut être prononcé que par le Gouverneur Général. Dans ce cas, le dossier est adressé au directeur des domaines pour décision du chef de la Colonie, dans les mêmes formes plus haut indiquées.

69. **Permis de coupe.** — Conformément au décret du 28 août 1913 (article 25) et à l'arrêté du 13 décembre 1913 (articles 3 et 4, annexe V), les permis de coupe dans les forêts et bois domaniaux sont établis et délivrés par le chef de district. Une copie de ces permis est adressée à l'agent des domaines du district chargé du recouvrement, qui, si ce n'est pas le receveur, la transmet à ce dernier fonctionnaire avec le talon d'encaissement.

En cas de refus, il en est référé au Gouverneur Général, comme pour les permis d'exploiter (n° 68 ci-dessus).

70. **Délivrance de copies.** — Une copie des permis d'exploiter, avec un photo-bleu du plan annexé, ou de permis de coupe, délivrés par les administrations provinciales, est adressée par le receveur des domaines au directeur qui en transmet un duplicata à l'inspecteur général des services agricole et forestier.

71. **Concessions d'eau.** — L'instruction des pétitions relatives aux concessions d'eau du domaine public, pour les usages agricoles, miniers et industriels nécessite l'accomplissement des formalités de l'enquête de commodo et incommodo.

Aux termes de l'article 5 de l'arrêté du 13 décembre 1913, « la demande régulière en la forme sera, après avis publié au « *Journal Officiel*, déposée dans les bureaux de la province ou « des provinces où se trouve la partie du cours d'eau à utili- « ser. Elle y demeurera pendant un mois (à compter de l'arrivée

« au chef-lieu de la province du *Journal Officiel*, contenant « l'avis) à la disposition du public qui pourra formuler à « son égard toutes observations qu'il y aura lieu. » Ces observations seront consignées sur un registre spécial.

Ces formalités devront être remplies avant qu'il ne soit procédé à la reconnaissance des lieux.

72. **Domaine militaire.** — La procédure ordinaire fixée sous le titre III n'abroge pas les dispositions prises pour la gestion du domaine militaire qui reste régie :

1° En ce qui concerne le domaine public, par les articles 19 à 21 de l'arrêté du 8 avril 1911 (*J. O.* du 22 avril 1911, annexe VI, § 1) ;

2° En ce qui concerne le domaine privé, par l'instruction relative à l'exécution des opérations nécessitées par l'affermage ou la location d'immeubles approuvée par la D. M. N° 356 du 23 novembre 1914 (annexe VI, § 2).

Les services militaires seront consultés lorsque les demandes d'autorisation concernant le domaine public ordinaire seront de nature à intéresser la défense du territoire ou lorsqu'elles porteront sur des portions du domaine public sises dans un rayon de douze kilomètres de profondeur autour de la baie de Diego-Suarez.

Dans ces différents cas, le directeur des domaines consultera le général commandant supérieur des troupes (art. 10 de l'arrêté du 8 avril 1911).

73. **Domaine public du chemin de fer.** — Pareillement, continueront à être observées les dispositions ainsi conçues de l'art. 22 de l'arrêté du 8 avril 1911 :

« Les autorisations d'occuper les portions du domaine public affectées au service du chemin de fer sont instruites par ce service et accordées par le directeur des travaux publics par délégation du Gouverneur Général, les redevances exigibles sont perçues par le service de l'exploitation et payables à la caisse du receveur principal du chemin de fer ».

L'arrêté du 2 juillet 1919 n'a pas entendu déroger à ces prescriptions, qui écartent l'intervention de la direction des domaines.

## TITRE VI

## Affaires solutionnées

74. **Archives.** — **Pour les affaires concernant le domaine public et le domaine forestier, déjà solutionnées, les archives, réduites aux titres délivrés, plans croquis et pièces essentielles, seront transférées à la direction des domaines, sur la demande qui en sera faite par le directeur des domaines au directeur des travaux publics et à l'inspecteur général des services agricole et forestier.**

Spécialement, les dossiers des permis forestiers délivrés directement par les chefs de province, seront transmis par ceux-ci aux receveurs conservateurs du ressort.

∴

75. En traçant leurs rôles respectifs aux divers services administratifs et techniques, appelés à intervenir en matière domaniale le présent règlement constitue, en outre, une sorte de vade-mecum, diminuant autant que possible les causes de discussion et le surcroît de correspondances qu'elles entraînent.

Si chacun veut bien se pénétrer des prescriptions édictées, et accomplir rapidement les diligences qui lui incombent, il aura ménagé le temps si précieux de la colonisation et contribué, pour sa part, à la mise en valeur du pays.

Tananarive, le 6 mai 1920.

*Le Gouverneur Général p. i.,*

GUYON.

# ANNEXE I

## ARRÊTÉ

**réglementant l'attribution de terres domaniales en date du 10 février 1899.** (*J. O.* du 23 février 1899)

ART. 1er. — Les terres du domaine peuvent être concédées par voie de vente, de location ou à titre gratuit.

ART. 2. — Les concessions par voie de vente, sont accordées au prix minimum de 2 francs par hectare dans les régions de l'ouest et du nord, et de 5 francs par hectare sur la côte est et dans le haut pays. Le haut pays comprend les parties de l'île situées à plus de 500 mètres d'altitude, et la côte est, les parties de l'île comprises entre le haut pays et la mer, de la rivière Onibe près du cap N'Gontsy, à l'embouchure de la rivière Mandrare, au delà de Fort-Dauphin.

ART. 3. — Les concessions gratuites sont réservées aux citoyens français ; elles ne peuvent dépasser 100 hectares et doivent être d'un seul tenant ; et la même personne ne peut en obtenir qu'une seule.

ART. 4. — Toute personne désirant une concession de terre domaniale résidant dans la colonie ou dûment représentée, adresse au chef de la province une demande dans laquelle elle spécifie l'étendue de terre qu'elle désire et les limites du lot qu'elle a choisi, et consigne (1) entre ses mains le prix afférent à la contenance demandée. Toutefois si le demandeur est français, le prix de la concession sera versé moitié lors de la délivrance du titre provisoire et l'autre moitié lors de la délivrance du titre définitif.

ART. 5. — Le chef de la province fait lever aux frais du demandeur le plan de la concession demandée (2) et il procède à une enquête sommaire. Au cas où cette enquête n'aurait pas fait paraître d'opposition, un titre d'occupation provisoire ou de bail amiable sera délivré, par le chef de la province, si le demandeur est français et par le Gouverneur Général, si le demandeur est de nationalité étrangère.

ART. 6. — Le titulaire d'un titre d'occupation provisoire sera tenu, sous peine de déchéance, prononcée par le Gouverneur Général, de former sur son lot un commencement d'exploitation ou d'établissement dans le délai de six mois, à dater de la délivrance du titre

(1) Modifié par l'arrêté du 12 octobre 1906 qui stipule notamment que : 1° tous les contrats provisoires ou définitifs intéressant le domaine de l'État ou de la Colonie, sont consentis et signés réglementairement et exclusivement par le Gouverneur Général ; 2° les prix des aliénations, concessions, locations de biens domaniaux, ne sont exigibles et ne sont recouvrées, par les soins du service des domaines qu'après signature ou approbation, par l'autorité supérieure, des contrats réguliers intervenus et conformément aux clauses insérées aux dits contrats. L'envoi d'un ordre de versement domanial entraîne notification de l'approbation.

(2) Aux termes de l'arrêté du 6 juillet 1928, article 7, les intéressés peuvent dresser eux-mêmes les croquis ou plans à annexer aux titres d'occupation provisoire quelle que soit la superficie qu'ils représentent, si ces croquis ou plans représentent les garanties jugées suffisantes par l'administration.

d'occupation provisoire, et de résider sur l'emplacement de sa concession, ou d'y avoir un représentant.

Art. 7. — Le titre d'occupation provisoire sera remplacé par un titre définitif de propriété délivré par le Gouverneur Général, le conseil d'administration consulté, après justification d'une installation sur le lot en rapport avec l'étendue de ce lot, d'une mise en valeur des terrains et accomplissement, dans un délai de trois ans au maximum, des formalités d'immatriculation que l'intéressé devra provoquer de la part du domaine et dont les frais restent à sa charge.

Art. 8. — A défaut d'installation ou de mise en valeur, ou si l'immatriculation n'a pas été demandée par le concessionnaire dans les conditions et dans les délais prévus ci-dessus, l'annulation totale ou partielle de la concession pourra être prononcée par le Gouverneur Général, le conseil d'administration de la Colonie consulté, après la visite d'une commission composée du chef de la province ou de son délégué, d'un délégué du chef du service des domaines et d'un représentant du concessionnaire, laquelle constatera l'état de la concession. Si dans le délai de trois mois à dater de la notification de la mise en demeure pour la constatation des premiers travaux d'exploitation ou d'établissement, ou dans le délai de six mois pour la constatation de la mise en valeur, le concessionnaire n'a pas consenti à se faire représenter à l'expertise, il sera passé outre. l'État pourra reprendre possession des parties non utilisées sans qu'aucune indemnité puisse lui être réclamée ; les frais de bornage de la partie à reprendre par l'État seront à la charge du concessionnaire.

Art. 9. — Toutefois, des concessions dont la superficie ne sera dans aucun cas inférieure à 50 hectares d'un seul tenant pourront être accordées, sans condition d'installation et de mise en valeur aussitôt après accomplissement des formalités d'immatriculation au prix minimum de 100 francs l'hectare dans les régions de l'ouest et du nord et 150 francs par hectare sur la côte Est et dans le haut pays. Dans ce cas, le demandeur ne pourra occuper le sol qu'après avoir versé le montant intégral du prix afférent à la contenance demandée et avoir obtenu le titre de vente qui sera délivré par le Gouverneur Général, le conseil d'administration consulté.

Art. 10. — Les terres du domaine peuvent être louées, mais seulement en dehors des périmètres de colonisation par baux renouvelables de quinze ans au maximum, au prix minimum, payable d'avance de 0.25 par hectare et par an dans les régions de l'ouest et du nord et de 0,50 par hectare et par an sur la côte Est et dans le haut pays.

Art. 11. — Pendant la durée de son bail, le locataire d'une terre aura le droit de préemption pour l'acquérir au prix indiqué aux articles 2 et 9. Quand un locataire aura laissé s'écouler six mois sans payer le prix annuel payable à l'avance de son bail, ce bail sera annulé de plein droit et le domaine reprendra possession de sa terre.

Art. 12. — Les concessions mesurant une superficie supérieure à 10 hectares et traversées ou bornées par des cours d'eau navigables ou flottables ou des voies de communication, ne pourront avoir sur ces voies ou cours d'eau un développement excédant le quart de leur périmètre total.

Art. 13. — Lorsque les terrains domaniaux vacants ont une valeur exceptionnelle, parce qu'ils sont situés dans un lieu habité ou pour toute autre raison, le gouvernement se réserve le droit de ne point leur appliquer les présentes dispositions.

Si plusieurs compétiteurs demandent la concession d'un même

lot, le gouvernement aura recours à l'adjudication Toutefois, si un même lot fait l'objet de deux demandes de concession l'un par bail, l'autre par vente, ce lot sera réservé au demandeur qui aura offert d'en effectuer l'acquisition.

Art. 14. — L'Etat se réserve, pendant dix ans à partir du jour de la délivrance du titre provisoire de concession, le droit d'établir, sur le lot concédé ou loué sans être tenu à aucune indemnité au profit du locataire ou concessionnaire et à la seule condition de ne pas toucher aux constructions, les ouvrages, routes, chemins de fer ou canaux dont l'établissement serait décidé par mesure d'utilité publique.

Art. 15. — Les terrains qui seraient reconnus nécessaires au parcours du bétail ne pourront être aliénés au profit d'un particulier. Ces terrains et ceux destinés à la constitution des périmètres urbains et suburbains et qui, à ce titre, ne seront pas susceptibles d'être concédés dans les conditions du présent arrêté seront déterminés, dans chaque cas, par décision du Gouverneur Général en conseil d'administration.

Art. 16. — Le présent arrêté n'est pas applicable aux concessions d'une superficie supérieure à 10.000 hectares qui feront l'objet de contrats spéciaux soumis à l'approbation de M. le ministre des colonies.

## DÉCRET

**réglementant le régime des terres domaniales à Madagascar**

(3 juillet 1904)

Art. 1er. — Les terres vacantes et sans maître de Madagascar font partie du domaine de l'Etat.

Art. 2. — A moins qu'il n'en soit autrement ordonné par des dispositions législatives ultérieures les produits domaniaux de Madagascar resteront attribués au budget local de la Colonie à titre de subvention pour les dépenses de colonisation.

Art. 3. — Font partie du domaine de la Colonie les portions de territoire qui lui proviendront de dotations consenties par l'Etat ou qui seront acquises au moyen des fonds du budget local.

Art. 4. — La concession d'une terre domaniale est donnée :

1° Lorsque la superficie de la concession ne dépasse pas 10.000 hectares suivant les conditions de l'arrêté en date du 10 février 1899, approuvé par le ministre des colonies, ou toutes autres conditions qui pourront faire l'objet de réglementations ultérieures, après approbation par le ministre des colonies.

2° Lorsque la superficie dépasse 10.000 hectares, par un décret avec cahier des charges après avis du Gouverneur Général et de la commission des concessions coloniales instituée par le décret du 16 juillet 1898, et sur le rapport du ministre des colonies.

Art. 5. — Il n'est en rien dérogé par les dispositions ci dessus au décret du 26 septembre 1902 réglementant le domaine public de Madagascar.

# ANNEXE II

## ARRÊTÉ

réglementant la procédure et le mode d'attribution des autorisations et concessions d'eau du domaine public (*J. O.* du 24 janvier 1914).

### TITRE Ier

### Des autorisations et des concessions

Art. 1er. — La faculté de dériver les eaux du domaine public, de les puiser à l'aide de machines à moteur mécanique ou de les utiliser à la production de la force motrice donne lieu à autorisation lorsque l'entreprise n'a en vue que l'intéret privé, elle donne lieu à concession lorsqu'elle présente un intérêt général.

### TITRE II

### De la dérivation et du puisage des eaux

Art. 2. — Les eaux peuvent être dérivées dans un but agricole, minier ou industriel.

A. — *Usages agricoles et miniers*

Art. 3. — Les particuliers, associations syndicales, fokonoloua ou communes qui voudront utiliser pour l'irrigation des terres ou le lavage des minerais ou roches une partie du débit d'un cours d'eau soit par dérivation, soit par puisage à l'aide de machines, en feront la demande au chef de la ou des circonscriptions intéressées.

Art. 4. — La demande dont il sera accusé réception comportera :

1° La durée pour laquelle la permission est sollicitée ;

2° La quantité d'eau à dériver ou à puiser et le point où la prise d'eau sera faite ;

3° Le mode de puisage ou les dispositions techniques des ouvrages de la prise d'eau, notamment la hauteur du barrage s'il y a lieu, le niveau de la retenue, la forme et la dimension des ouvrages régulateurs, déversoirs, vannes de décharge, etc. ;

4° Le parcours de la conduite d'eau, ses dimensions et sa forme et, en général, toutes les indications susceptibles d'intéresser la conservation et la salubrité des eaux, à prévenir les inondations, à sauvegarder les intérêts de l'agriculture, de l'industrie, de la pêche et de la chasse ;

5° Le statut réel de la ou des parcelles intéressées ou traversées, au cas où l'occupation de terrains domaniaux serait nécessaire en dehors de la servitude légale d'aqueduc, la demande devra le mentionner pour qu'un titre de bail, qui ne pourra être que d'une durée égale à celle de l'autorisation, puisse être délivré au requérant après instruction particulière domaniale ;

6° Pour l'irrigation, la contenance de la ou des parcelles à irriguer ;

7° Pour les usages miniers, le ou les numéros des permis de recherche ou d'exploitation ;
8° Un plan indicatif à une échelle déterminée.

Art. 5. — La demande régulière en la forme sera, après avis publié au *Journal Officiel*, déposée dans les bureaux de l'administrateur de la province ou des administrateurs des provinces où se trouve la partie du cours d'eau à utiliser. Elle y demeurera pendant un mois à compter de l'arrivée au chef-lieu de la province du *J. O.* contenant l'avis à la disposition du public qui pourra formuler à son égard toutes observations qu'il y aura lieu. Ces observations seront consignées sur un registre spécial.

Art. 6. — (Tel qu'il a été modifié par l'arrêté du 23 décembre 1916, J. O. du 6 janvier 1917) : « Le chef de la province à l'issue des formalités prescrites à l'article 5 adresse le dossier au chef du service régional des travaux publics intéressé.

L'agent technique désigné par le chef de service, après en avoir avisé l'administrateur, le pétitionnaire et les auteurs des dires consignés au registre d'enquête mentionné ci-dessus, se rendra à jour fixé pour procéder aux opérations suivantes :

*a*) Vérifier la sincérité des pièces produites à l'appui de la demande.

*b*) Prendre tous renseignements pour définir exactement l'état du régime des eaux, s'enquérir des ouvrages existant déjà, se rendre compte de la modification qui y sera apportée par les travaux proposés.

*c*) Fixer une série de détails techniques en ce qui concerne :

le niveau de la retenue, c'est-à-dire la hauteur à laquelle l'usager doit par une manœuvre convenable des vannes de décharge maintenir les eaux ordinaires et les ramener autant que possible au moment des crues ;

la mise en place du repère qui devra être fixé apparent, facile d'accès et dont le zéro indiquera seul le niveau légal de la retenue ;

les ouvrages régulateurs, déversoirs, vannes, canaux de décharges, rétablissement et, s'il y a lieu, conservation des ouvrages d'utilité publique.

L'agent technique entendra les observations des intéressés et provoquera toutes discussions propres à éclairer les faits et à faciliter la recherche de toutes les dispositions qui, en sauvegardant l'intérêt public, peuvent donner satisfaction aux intérêts privés. Il consignera les résultats de son instruction dans un rapport auquel seront joints tous les plans et nivellements nécessaires. »

Art. 7. — Après enquête, le dossier complet sera transmis par le chef de la province avec son avis au directeur des travaux publics qui le transmettra au Gouverneur Général avec son avis et ceux des chefs des services des domaines et de colonisation. Le Gouverneur Général statuera conformément à l'article 13 du décret du 3 juin 1913.

Art. 8. — Dans tous les cas où la quantité d'eau à utiliser dans un but privé sera inférieure à 100 litres à la seconde, ne nécessitera pas la construction d'ouvrages en rivière et ne devra pas apporter de modification au régime des eaux, les travaux peuvent être commencés dès l'accusé de réception, aux risques et périls de l'intéressé et avec la réserve inscrite à l'article 9.

Le chef de province demeurera juge, dans ce cas, de l'opportunité de l'enquête qui pourra être réduite à ses dispositions indispensables.

Art. 9. — L'exercice du droit prévu à l'article 31 du décret du 3 juin 1913 doit faire l'objet d'une notification directe aux intéressés par lettre missive recommandée si les terrains traversés ne sont pas domaniaux.

Les travaux ne pourront être commencés et une autorisation délivrée qu'autant qu'un règlement définitif sera intervenu entre les parties.

B. — *Usages industriels*

Art. 10. — Les usines hydrauliques se divisent en :

1° Usines privées ;
2° Usines d'intérêt général.

Elles peuvent être installées soit sur des cours d'eau naturels, soit sur des cours d'eau artificiels (canaux).

*a)* USINES PRIVÉES

Art. 11. — Les usines privées sont celles qui n'ont pas pour objet principal le commerce ou la distribution publique de l'énergie. Elles sont placées sous le régime de l'autorisation.

Art. 12. — Toute demande en autorisation d'installer une usine hydraulique, adressée au chef de circonscription, et instruite comme il est dit aux articles 5, 6, 7 devra comporter :

1° Le nom du cours d'eau à utiliser ;

2° La désignation des établissements hydrauliques établis en amont et en aval s'il en existe ;

3° L'usage auquel est destinée la prise d'eau demandée ;

4° L'objet de l'entreprise, sa durée et la nomenclature des ouvrages projetés ;

5° La puissance (exprimée en chevaux-vapeur de 75 kilogrammètres par seconde) que devra développer l'usine ;

6° Les points de prise et de restitution d'eau ;

7° Le débit qui sera dérivé aux principaux états du cours d'eau (étiage, eaux moyennes, hautes eaux) ainsi que la hauteur et la puissance présumée de la chute à ces divers états ;

8° Les changements possibles que l'exécution des ouvrages projetés pourra apporter au régime des eaux tant en amont qu'en aval ;

9° Le statut réel de la ou des parcelles intéressées ou traversées ;

10° La copie des titres de propriété du sol sur lequel les travaux seront exécutés si le pétitionnaire est propriétaire et, dans le cas contraire, le consentement formel du ou des propriétaires. Une demande de bail si les terrains sont domaniaux, le bail ne devant être consenti après enquête domaniale spéciale que pour une durée égale à celle fixée pour l'autorisation d'utiliser les eaux ;

11° Un plan d'ensemble indiquant l'emplacement des ouvrages projetés et donnant les dispositions générales de l'usine.

Art. 13. — L'arrêté d'autorisation déterminera les délais maxima d'achèvement des travaux ainsi que le montant du cautionnement qui restera acquis à la Colonie pour défaut d'exécution. (Complété ainsi qu'il suit par l'arrêté du 26 janvier 1918) :

1° Le dépôt du cautionnement sera fait dans un délai de trois mois à compter du jour de la notification à l'intéressé de l'arrêté d'autorisation ou de concession et préalablement à toute occupation.

Ce dépôt sera fait entre les mains des receveurs ou délégués des domaines, qui en délivreront quittance aux intéressés.

2° Le cautionnement à verser sera calculé sur les bases suivantes :

20 francs par HP pour les dix premiers, plus 10 francs par HP au-dessus des dix premiers et jusqu'à 100 HP plus 5 francs par HP au-dessus des cent premiers.

Art. 14. — Les usines autorisées peuvent être exceptionnellement admises à vendre au public leurs excédents d'énergie ou leurs résidus.

Les conditions de cette faculté seront déterminées dans chaque cas par l'arrêté d'autorisation ou par un arrêté subséquent.

b) USINES D'INTÉRÊT GÉNÉRAL

Art. 15. — Les usines d'intérêt général sont :

1° Celles qui ont pour objet principal actuel ou éventuel le commerce de l'énergie suivant un cahier des charges à débattre entre l'intéressé et la Colonie ;

2° Celles qui s'engagent à fournir sur simple réquisition des pouvoirs publics en vue d'un service public (éclairage, chemin de fer, adduction d'eau pour une collectivité, élévation mécanique en vue de l'irrigation ou de l'assainissement dans un but d'intérêt collectif etc., le quart au moins de leur énergie au prix de revient déterminé suivant expertise, majoré de 20 0/0 au maximum.

Elles sont placées sous le régime de la concession.

Art. 16. — Toute demande en vue d'installer une usine hydraulique d'intérêt général faite comme il est dit à l'article 11 devra comporter au lieu des justifications exigées au § 10° un état des parcelles intéressées par les travaux avec les noms des propriétaires ou occupants. Elle donne lieu à l'enquête prévue aux articles 5, 6 et 7.

Art. 17. — L'exercice des droits prévus au § 2, article 19 du décret du 3 juin 1913, doit être précédé d'une notification directe aux intéressés par voie de lettre missive recommandée et, à défaut d'entente entre les parties, de la procédure édictée par les règlements généraux sur l'expropriation publique.

Art. 18. — Le cahier des charges des usines concédées déterminera notamment :

1° La destination de l'usine ;

2° La durée de la concession ;

3° Les ouvrages, terrains, bâtiments et engins de toute nature constituant les dépendances de la concession ;

4° Le règlement d'eau de l'usine et, en particulier, les mesures intéressant la navigation ou le flottage, la protection contre les inondations, la salubrité publique, l'alimentation des populations riveraines, les réserves en eaux et en force, stipulées au profit des associations syndicales, de l'irrigation, la conservation et la libre circulation du poisson, la protection des paysages ;

5° Les conditions financières de la concession et s'il y a lieu la contribution afférente à l'utilisation des ouvrages déjà établis ou à établir par l'état dans l'intérêt de la navigation, du flottage ou de la régularisation du débit des eaux ;

6° Le montant du cautionnement et les délais d'exécution des travaux ;

7° Les tarifs maxima à percevoir pour la vente au public de l'énergie ;

8° Les réserves en eaux ou en force stipulées au profit des services publics, ainsi que les conditions auxquelles elles devront être mises à la disposition de ces services ;

9° Les conditions dans lesquelles devra pouvoir être exercé le rachat par l'autorité concédante ;

10° Et, d'une manière générale, les droits et obligations du concessionnaire, tant pendant la durée de la concession qu'à son expiration.

**Art. 19. — Les modifications apportées ultérieurement à l'emploi et à la répartition de la force hydraulique sont consenties par arrêté du Gouverneur Général en conseil d'administration.**

C. — *Dispositions générales*

Art. 20. — En ce qui concerne les cours d'eau artificiels du domaine public (canaux d'irrigation, de navigation, etc.) où la force motrice comporte déjà un certain aménagement, l'octroi ne pourra en être fait qu'après mise en adjudication, le produit des enchères devant être versé à la Colonie, commune ou association syndicale, auteur du travail, ou proportionnellement entre ces collectivités au prorata des dépenses engagées par chacune d'elles.

Art. 21. — Quel que soit le caractère de l'usine dont l'installation aura été accordée, les travaux pourront être commencés aussitôt après notification de l'approbation des projets d'exécution présentés. Après achèvement ils feront l'objet d'un procès-verbal de récolement dressé par un agent des travaux publics. Ce document relatera les caractéristiques des ouvrages établis et notamment le niveau de la retenue et les dispositions des ouvrages régulateurs.

## TITRE III
## Redevances

Art. 22. — L'utilisation des eaux donne lieu, sauf pour l'irrigation qui fera l'objet de taxes prévues à des règlements d'eau spéciaux, à la perception au profit du budget local d'une redevance de principe ainsi fixée :

1° Pour les usages miniers : droit de 1 franc par an par 100 litres d'eau à la seconde ou fraction de 100 litres.

2° Pour les usines hydrauliques : droit de 1 franc par an par cheval-vapeur.

Elles sont perçues conformément aux règlements concernant le recouvrement des produits et revenus domaniaux en vigueur dans la Colonie.

Art. 23. — L'arrêté du 9 mai 1906 est rapporté, sauf en ce qui concerne les droits d'usage reconnus aux indigènes auxquels il n'est porté aucune atteinte.

Art. 24. — MM. le procureur général, chef du service judiciaire, le directeur des travaux publics, les chefs des services des domaines et de colonisation sont chargés, chacun en ce qui le concerne, de l'exécution du présent arrêté, publié et communiqué partout où besoin sera.

Tananarive, le 13 décembre 1913

PICQUIÉ.

# ANNEXE III

## ARRÊTÉ

réglementant l'exploitation des carrières à Madagascar

(*J. O.* du 10 juin 1903)

### TITRE Ier

*Dispositions générales*

Art. 1er. — Sont considérés comme carrières les gîtes naturels soit de matériaux de construction, soit d'amendement pour la culture des terres, à l'exception des phosphates. Les carrières sont réputées ne pas être séparées de la propriété de la surface : elles en suivent les conditions. Il en est de même des tourbières.

Art. 2. — L'exploitation des carrières est soumise au régime de la déclaration et de la surveillance de l'administration.

Art. 3. — Aucune exploitation de carrière, soit à ciel ouvert, soit par galeries souterraines, ne peut être commencée, aucune carrière abandonnée ne peut être remise en exploitation, aucune carrière à ciel ouvert ne peut être exploitée, par galeries souterraines, aucun nouvel étage ne peut être ouvert dans une carrière souterraine, aucun changement d'exploitation ne peut avoir lieu si ce n'est en vertu d'une déclaration.

Art. 4. — L'exploitation des carrières est soumise à la surveillance de l'autorité administrative locale, avec le concours des agents des mines, dans les circonscriptions administratives, où résident ces derniers, et, à leur défaut, avec celui des agents des travaux publics.

### TITRE II

*De la déclaration*

Art. 5. — La déclaration doit être adressée à l'administrateur chef de la circonscription administrative dans laquelle se trouve la carrière.

Elle doit être faite en deux exemplaires et contenir : l'énonciation des nom, prénoms et demeure du déclarant et la qualité en laquelle il entend exploiter la carrière.

Elle doit faire connaître d'une manière précise l'emplacement de la carrière et sa situation par rapport aux habitations, bâtiments et chemins les plus voisins.

Elle doit indiquer la nature de la masse à extraire, l'épaisseur et la nature des terres ou bancs de rochers qui la recouvrent, le mode d'exploitation, à ciel ouvert ou par galeries souterraines, que se propose d'appliquer l'exploitant.

Art. 6. — Si l'exploitation doit se faire par galeries souterraines, la déclaration doit être accompagnée d'un plan des lieux, également en deux expéditions, à l'échelle de 2 millimètres par mètre (1/500).

Sur ce plan doivent être indiqués le périmètre du terrain sous lequel l'exploitant se propose d'établir des fouilles, ainsi que ses tenants et aboutissants : chemins, édifices, canaux, rigoles et constructions quelconques existant sur le dit terrain dans un rayon de 25 mètres au moins, l'emplacement des orifices des puits ou des galeries projetées.

Dans le cas où il existerait des travaux souterrains déjà exécutés, il en sera fait mention dans la déclaration.

Art. 7. — Il est donné à l'exploitant un récépissé de sa déclaration dont, dans tous les cas, l'un des deux exemplaires accompagné du plan, s'il y a lieu, est transmis aussitôt au service des mines, qui en inscrit la mention sur un registre spécial.

## TITRE III

### *Des règles de l'exploitation. — De la surveillance*

Art. 8. — Les travaux ne devront être poursuivis que jusqu'à une distance horizontale de 10 mètres au moins des bâtiments ou constructions quelconques publics et privés, des cimetières, des tombeaux et des voies de communication, routes, chemins de fer, etc.

Toutefois, cette distance peut être réduite, sur la demande de l'exploitant, avec l'assentiment de l'administration ou du propriétaire intéressé suivant qu'il s'agit du domaine public ou d'une propriété privée.

Art. 9. — L'exploitant prendra, sous le contrôle de l'administration, toutes les mesures de précaution nécessaires dans l'intérêt de la sécurité du public et de celle des ouvriers.

Art. 10. — Pour les exploitations souterraines il devra être tenu rigoureusement à jour un plan des travaux à l'échelle de 2 millimètres par mètre (1/500).

Art. 11. — L'exploitant prendra toutes les mesures de précaution qui lui seront prescrites par l'administration dans l'intérêt de la sécurité des ouvriers et de celle du public, notamment en ce qui concerne : 1° les procédés d'abatage de la masse exploitée et des terres de recouvrement dans les carrières à ciel ouvert ; 2° la consolidation des puits, galeries et autres excavations, la disposition et les dimensions des piliers dans les carrières souterraines, 3° l'emploi de la poudre et des autres explosifs.

Art. 12. — Les accidents de personnes survenus dans les travaux ou par suite des travaux devront faire l'objet d'une déclaration à l'autorité locale.

Tananarive, le 30 mai 1903.

GALLIENI.

## CIRCULAIRE

**relative à l'arrêté réglementant l'exploitation des carrières à Madagascar**

(*Journal Officiel* du 27 juillet 1907)

J'ai constaté que les demandes d'autorisation d'exploiter les carrières donnaient lieu, en ce qui concerne l'application des textes établis en la matière, à des divergences d'interprétation. J'ai donc jugé utile de vous indiquer d'une manière précise la procedure que vous aurez à suivre dans l'espèce.

La situation diffère suivant que l'exploitant ou l'Etat est propriétaire du sol. Dans la première hypothèse, l'arrêté du 30 mai 1903 est seul applicable, l'exploitant devant se borner à se conformer aux dispositions de cet acte ; dans la deuxième, l'arrêté du 10 février 1899 doit tout d'abord être appliqué. Car, avant d'accorder l'autorisation d'exploiter, il faut se préoccuper de régler la question de concession de terrains sur lesquels la carrière est située si l'on ne veut pas déroger au principe posé par l'arrêté du 30 mai 1903 qui dispose que les « carrières sont réputées ne pas être séparées de la propriété de la surface ».

J'incline à penser dans cet ordre d'idées que le meilleur système à adopter est celui de la location, pour une durée déterminée et à un taux spécial. Les stipulations de l'article 13 de l'arrêté du 10 février 1899 sont, en effet, applicables au cas qui nous occupe, les terrains dont il s'agit devant être considérés comme ayant une valeur exceptionnelle. J'estime même qu'il convient de procéder à cette location par voie d'adjudication publique. Des considérations de nature diverse doivent entrer en jeu pour fixer le prix de base qui est appelé à varier. C'est ainsi qu'il y aura lieu d'envisager pour chaque espèce l'importance et la qualité du gisement, sa facilité d'accès, sa proximité d'un centre et les débouchés qui sont offerts à l'exploitation, la durée probable de cette dernière et les bénéfices qu'elle est susceptible de procurer, etc. Il vous échet de recueillir sur place ces données de concert avec le service des travaux publics qui aura à formuler spécialement son avis.

En conséquence, toutes les fois que vous serez saisi d'une demande d'exploitation de carrières par une personne qui ne sera pas propriétaire du sol, vous aurez à procéder immédiatement à une enquête approfondie en vue de réunir les renseignements susmentionnés et vous soumettrez ensuite à mon approbation un projet de cahier des charges en vue de location par voie d'adjudication publique, dans des conditions de prix et de durée déterminées, des terrains de carrières qui vous auront été demandés. Lorsque l'adjudicataire aura été agréé, il vous appartiendra de tenir la main à ce qu'il se conforme strictement aux prescriptions de l'arrêté du 30 mai 1903.

Je vous serai obligé de ne pas perdre de vue les instructions qui précèdent.

Tananarive, le 11 juillet 1907.

V. AUGAGNEUR.

## CIRCULAIRE

**relative aux extractions temporaires de matériaux dans les carrières domaniales**

(*Journal Officiel* du 2 mars 1912)

---

Par circulaire en date du 11 juillet 1907, publiée au *Journal Officiel* du 27 juillet 1907, n° 1113, a fixé la procédure applicable aux demandes d'autorisation d'exploiter les carrières domaniales.

Ces prescriptions ne sauraient viser cependant que les exploitations devant avoir une certaine durée et ayant pour objet l'extraction d'une quantité assez importante de matériaux.

Or, il peut arriver que des particuliers ne désirent extraire qu'une petite quantité de matériaux, soit pour les besoins exclusivement personnels soit pour des travaux spéciaux peu importants. Le gisement naturel dont l'exploitation est sollicitée peut être encore peu étendu.

Dans ces diverses circonstances, la location aux enchères du terrain sur lequel est situé le gisement ne saurait se justifier ; la procédure tracée par la circulaire de 1907 devient alors trop compliquée et inutile.

J'ai décidé en conséquence que dans les cas susvisés, des permis d'extraction temporaires (formule ci-jointe), pourront être délivrés après enquête aux intéressés par les chefs de circonscriptions administratives (provinces, cercles, districts, secteurs), en vue de l'extraction dans un temps limité d'une quantité restreinte déterminée de matériaux.

La redevance à exiger du permissionnaire sera fixée par vos soins, après avis des services compétents, en tenant compte, dans chaque espèce, de la qualité et de l'utilisation des matériaux, des facilités d'extraction et d'accès.

Lorsqu'un gisement relativement important vous paraîtra cependant devoir faire l'objet de multiples permis temporaires d'extraction, vous pourrez fixer, par avance, la redevance à exiger par mètre cube de matériaux extraits des permissionnaires successifs. Des lotissements pourront même, dans ce cas, être prévus dans ce gisement, en vue de son exploitation méthodique. Les décisions que vous prendrez à cet effet seront soumises au préalable à mon approbation.

Le recouvrement des redevances exigibles sera effectué par avance dans les conditions prévues par l'arrêté du 12 octobre 1906. Dans les localités où il n'existe pas de receveur des domaines, un ordre de versement domanial à talon sera remis à l'intéressé qui devra acquitter la redevance prévue avant d'entrer en possession de son permis temporaire d'extraction.

Dans les localités où il existe un bureau des domaines, l'original du permis sera adressé au receveur chargé d'assurer le recouvrement de la redevance.

Dans tous les cas, une ampliation de ce permis sera adressée au chef du service des domaines chargé de suivre tous les encaissements domaniaux.

Nécessairement, ces exploitations temporaires seront soumises à toutes les règles d'extraction fixées par l'arrêté du 30 mai 1903.

J'ajoute qu'il y aurait le plus grand intérêt à soumettre les carrières communales à une législation semblable à celle actuellement applicable aux carrières de l'État ou de la Colonie.

MM. les administrateurs-maires voudront bien m'adresser, après avis des assemblées communales intéressées, toutes décisions utiles prises dans ce sens.

Je vous prie de ne pas perdre de vue ces prescriptions.

Tananarive, le 24 février 1912.

A. PICQUIÉ.

# ANNEXE IV

## ARRÊTÉ

### réglementant l'exploitation des tourbières
(*J. O.* du 22 Janvier 1910)

ART. 1er. — L'exploitation des tourbières est soumise au régime de la déclaration et de la surveillance administrative dans les conditions fixées ci-après :

### TITRE Ier
### Tourbières particulières

ART. 2. — Les tourbes ne peuvent être exploitées que par le propriétaire du terrain ou de son consentement.

ART. 3. — Aucune exploitation de tourbière ne peut être commencée, aucune tourbière abandonnée ne peut être remise en exploitation si ce n'est en vertu d une déclaration.

ART. 4. — La déclaration doit être adressée au chef de la circonscription administrative dans laquelle se trouve la tourbière.

Elle doit être faite en deux exemplaires et contenir l'énonciation des nom, prénoms et demeure du déclarant.

Elle doit être accompagnée :

*a*) Du consentement écrit du propriétaire du terrain si le propriétaire n'est pas lui-même l'exploitant.

*b*) D'un croquis du terrain indiquant d'une manière précise l'emplacement de la tourbière, et sa situation par rapport aux habitations, bâtiments, chemins et canaux les plus voisins, ou d'un extrait du plan d'immatriculation, si le terrain est immatriculé.

La déclaration doit indiquer le mode d'exploitation adopté et spécifier si l'extraction sera faite à la main ou par des moyens mécaniques.

Elle doit mentionner enfin le nombre maximum d'ouvriers qui seront employés à l'extraction.

ART. 5. — Il est donné à l'exploitant un récépissé de sa déclaration, et un exemplaire de celle-ci est transmis au Gouverneur Général par les soins du chef de province ou du commandant du cercle.

### TITRE II
### Tourbières domaniales

ART. 6. — Les tourbères sont domaniales quand les terrains où elles se trouvent sont réputés appartenir à l'Etat ou à la Colonie.

ART. 7. — L'attribution des terrains domaniaux contenant des tourbières demeure en principe régie par l'arrêté du 10 février 1899 susvisé. Toutefois, par application de l'article 13 du dit arrêté, ces terrains ne pourront faire l'objet que de contrats de location pour une durée déterminée et à un taux spécial.

Art. 8. — La location aux enchères publiques d'après un cahier des charges approuvé par le Gouverneur Général, sera de règle lorsque plusieurs compétiteurs demanderont la même tourbière et aussi dans le cas où celle-ci aurait une valeur exceptionnelle.

Art. 9. — Toute personne qui désire exploiter une tourbière domaniale, devra, en outre de la déclaration prévue à l'article 4 du présent arrêté, adresser au chef de province une demande en location du terrain où se trouve la tourbière.

Art. 10. — Dès réception de cette demande, le chef de la province procède à tous affichages et enquêtes réglementaires comme en matière de concessions domaniales. Si rien ne s'oppose à l'attribution du terrain demandé, celui-ci sera, selon le cas, donné en location de gré à gré ou aux enchères publiques, dans les conditions de l'arrêté du 12 octobre 1906.

Art. 11. — Pour déterminer le prix de base de location, il sera tenu compte dans chaque espèce, après avis des services compétents, de l'importance et de la qualité du gisement, de sa facilité d'accès, de sa proximité d'un centre, et des débouchés qui sont offerts à l'exploitation, de la durée probable de cette dernière et des bénéfices qu'elle est suceptible de procurer.

Art. 12. — Les locataires de tourbières domaniales seront soumis aux règles d'exploitation ci-après, à peine de déchéance prononcée par arrêté du Gouverneur Général, sans préjudice des sanctions pénales prévues à l'article 16.

## TITRE III

### Règles générales d'exploitation, surveillance

Art. 13. — Tout extracteur des tourbes est tenu :

1° soit de remblayer partiellement au fur et à mesure de l'avancement des travaux, les excavations qui résultent de l'enlèvement de la tourbe et de niveler les terrains en fin d'exploitation de sorte que tous ces points soient assez élevés au-dessus du niveau de l'eau dans les cours d'eau, canaux et fossés de dessèchement du voisinage, pour être constamment à sec.

Soit au contraire d'entailler assez profondément le terrain en contre bas du niveau de l'eau dans les cours d'eau, canaux et fossés de dessèchement du voisinage pour qu'il y reste partout et en tout temps 50 centimètres d'eau. Et, dans ce dernier cas, de tailler verticalement les bords des excavations ;

2° d'établir et d'entretenir en bon état les rigoles ou fossés que l'administration jugera nécessaires pour assécher le terrain des excavations remblayées ou pour mettre les entailles non remblayées en communication avec les cours d'eau, canaux ou fossés d'irrigation, afin que leur fond ne soit jamais découvert d'eau ;

3° de curer et de repurger les rigoles d'égouttement ou de dessèchement ainsi que les canaux d'irrigation traversant le fond ;

4° de se conformer aux instructions qui lui sont données par le chef de province après avis des agents des services techniques compétents, à peine d'être contraint à cesser les travaux, et ce sans préjudice des pénalités prévues à l'article 16.

Art. 14. — Les travaux ne pourront être poursuivis que jusqu'à une distance horizontale de 5 mètres au moins des bâtiments ou constructions quelconques publiques et privées, des canaux, routes, chemins, voies ferrées, etc., etc., à la condition de ne pas dépasser

5 mètres en profondeur. Au delà la distance horizontale à maintenir sera progressivement augmentée de façon à rester égale à la profondeur totale, à moins d'autorisation spéciale du chef de province, après avis des agents des services techniques compétents.

Art. 15. — Par mesure de salubrité publique, le Gouverneur Général pourra, sur la proposition du chef de province et après avis de la commission d'hygiène, interdire par arrêté l'exploitation des tourbières aux alentours des agglomérations dans une zone déterminée.

Art. 16. — Les contraventions aux dispositions du présent arrêté seront passibles de peines de simple police.

Tananarive, le 15 Janvier 1910.

GARBIT.

# ANNEXE V

## DÉCRET

établissant le régime forestier applicable à Madagascar (extrait)
(*J. O.* du 18 octobre 1913)

ART. 1er — Les bois et les forêts dépendant des domaines de l'Etat ou de la Colonie ne seront aliénés ou loués au-dessous de 10.000 hectares que par arrêté du Gouverneur-Général, pris en conseil d'administration et soumis à l'autorisation préalable du ministre, au-dessus de 10.000 hectares par un décret accompagné d'un cahier des charges (Voir n° 18 ci-après). Autant que possible ces aliénations et locations ne seront accordées qu'après adjudication. Les bois et les forêts sont soumis au régime forestier et administrés conformément aux dispositions du présent décret qui régit également :

1° Les bois et forêts des communes et des établissements publics ;

2° Les terrains soit couverts de broussailles, soit nus dont le reboisement aura été jugé nécessaire, la déclaration d'utilité publique prononcée.

Les bois des particuliers seront soumis à la surveillance du service de colonisation en ce qui concerne le défrichement, conformément aux prescriptions du titre V.

.....................................................................

ART. 10. — Sont qualifiés produits principaux :

1° Les bois en général ;

2° Les palétuviers ;

3° Les écorces textiles et tinctoriales.

ART. 11. — Chaque fois qu'il sera possible d'adopter ce mode de procéder, les bois à exploiter dans les forêts de la Colonie constitueront des coupes annuelles à vendre sur pied par voie d'adjudication publique suivant les formes et les règles adoptées dans les forêts de la métropole.

ART. 12. — Transitoirement, les produits principaux forestiers pourront être concédés à des tiers, soit directement par voie de concession temporaire, soit par voie d'adjudication publique, si la Colonie a intérêt à adopter ce mode de procéder.

Si plusieurs compétiteurs demandent la concession de produits principaux portant sur un même lot, l'administration aura recours à l'adjudication.

.....................................................................

ART. 14. — (Ainsi modifié par le décret du 23 septembre 1916) (*J. O.* du 2 décembre 1916).

« La durée des contrats sera de deux à cinq ans, suivant l'étendue des concessions.

« En aucun cas, les concessions ne dépasseront 1.000 hectares.

« Elles pourront être renouvelées si le concessionnaire a rempli toutes les clauses de son contrat. La durée totale des renouvellements successifs ne pourra en aucun cas excéder vingt ans ».

Art. 15. — Le droit d'exploitation sera subordonné au dépôt d'un cautionnement en numéraire ou à la présentation d'une caution et d'un certificateur de caution reconnus solvables et qui deviendront solidairement responsables de toutes les charges incombant au concessionnaire.

Le cautionnement en numéraire sera fixé, d'une manière uniforme au double de la redevance annuelle.

.....................................................................................

Art. 18. — Après examen du procès-verbal de reconnaissance, le chef de la province, s'il s'agit d'une concession inférieure ou égale en superficie à 100 hectares, délivre au demandeur un permis d'exploiter contre présentation du récépissé de versement du cautionnement ou, à défaut, l'engagement des cautions présentées conformément aux dispositions de l'article 15 ci-dessus.

De 100 à 1.000 hectares le permis d'exploiter est délivré par le Gouverneur Général, de 1.000 à 10.000 hectares par le ministre.

La redevance prévue par l'article 37 sera perçue conformément aux principes concernant les recouvrements des produits domaniaux en vigueur dans la Colonie.

Le permis d'exploiter devra toujours indiquer les règles générales d'exploitation des forêts et les règles spéciales particulières à chaque région qui seront arrêtées par le service de colonisation.

La date de l'origine de la concession est celle de la notification du permis d'exploiter à l'intéressé.

.....................................................................................

Art. 24. — Les essences forestières seront groupées en trois classes :

1° Les bois d'ébénisterie ;
2° Les bois de construction et de menuiserie ;
3° Les essences secondaires.

Art. 25. — Au-dessous de 1 m. 30 de circonférence à 1 m. 50 du sol, il sera fait réserve de toutes les essences classées comme bois d'ébénisterie et de construction : les essences secondaires, qui comprennent les palétuviers, pourront être exploitées à partir de 45 centimètres de tour.

Un arrêté du Gouverneur Général (arrêté du 13 décembre 1913), *J. O.* du 27 décembre 1913, § 2 ci-après) désignera les essences qui doivent être comprises dans chaque classe. Cet arrêté prévoira l'exploitation des bois par permis de coupe qui est un mode d'exploitation spéciale portant sur un nombre d'arbres limité, il fixera les règles particulières d'exploitation, la redevance et la durée du permis. A titre exceptionnel, l'exploitation d'essences secondaires de circonférence inférieure à 45 centimètres (perches, clôtures, etc.), pourra être autorisée par permis de coupe qui dans tous les cas sera délivré par l'autorité locale.

.....................................................................................

Art. 34. — En cas de sinistres, incendies, inondations, ouragan, guerre, ou tous autres cas fortuits, qui auront détruit partie ou totalité de la forêt, les constructions etc. le concessionnaire ne pourra prétendre à aucune indemnité à quelque titre que ce soit, mais il aura la faculté de réclamer la résiliation de son contrat. Celle-ci sera prononcée par l'autorité qui a accordé la concession. Dans ce cas le cautionnement prévu à l'article 15 fera retour au bénéficiaire.

.....................................................................................

Art. 38. — En retour du droit d'exploitation à lui concédé le concessionnaire payera une redevance exigible chaque année et d'avance sans qu'il puisse y avoir lieu à remboursement de la part de la Colonie, sauf dans le cas prévu à l'article 34.

Cette redevance est fixée au minimum par hectare et par an à 10 centimes pour l'exploitation des bois d'ébénisterie, 25 centimes pour les bois de 2e et 3e classe, 50 centimes pour l'exploitation de tous les produits principaux des forêts et la fabrication du charbon de bois, et 1 franc pour l'exploitation des palétuviers.

...........................................................................

Art. 41. — Sont qualifiés produits accessoires, les gommes, résines, caoutchouc, gutta, cire, bambou, raphia et tous autres produits n'entrant pas dans la catégorie des produits principaux.

...........................................................................

Art. 47. — La redevance sera de 10 centimes par hectare et par an exigible chaque année et d'avance. En ce qui concerne le caoutchouc le concessionnaire sera en outre tenu de planter chaque année dans les parcelles exploitées un nombre de lianes et d'arbres à caoutchouc qui ne sera pas inférieur à 150 pieds par hectare. Un cahier des clauses spéciales indiquera dans quelles conditions s'effectueront ces plantations.

...........................................................................

Art. 82. — Les bois et forêts dépendant du domaine de la Colonie peuvent être concédés par voie de location à toute personne solvable ou à toute société constituée qui s'engage à y entreprendre des cultures compatibles avec le maintien de l'état boisé. Ces concessions sont accordées par le Gouverneur Général.

Art. 83. — Des cahiers des clauses spéciales seront établis pour ces concessions qui demeurent soumises aux règles générales ci-après :

1° Le prix de location, payable chaque année, est fixé au minimum à 50 centimes par hectare et par an ;

Le bail ne pourra être consenti pour une durée supérieure à trente ans : il pourra être renouvelé jusqu'à concurrence de soixante ans, par périodes successives de quinze ans, si le locataire a satisfait à toutes les obligations qui lui seront imposées ;

3° Le bail ne pourra porter sur une superficie supérieure à 50 hectares : toutefois lorsqu'il sera demandé en location plus de 50 hectares, un droit de préférence sera reconnu sur la différence au demandeur, mais de nouveaux baux ne pourront être consentis que lorsque les superficies primitivement concédées auront été mises en valeur ;

4° La demande du concessionnaire devra indiquer la nature des cultures à entreprendre ; elle sera adressée au chef de la province dans les conditions prévues à l'article 16 ;

5° Le demandeur devra verser dans toute caisse publique de la Colonie un cautionnement de 5 francs par hectare demandé en location : ce cautionnement pourra être remplacé par une caution et un certificateur de caution ;

6° Le bail est cessible ; toutefois la cession de tout ou partie du droit devra, au préalable, être soumise à l'agrément du Gouverneur Général. En cas de décès d'un concessionnaire, le bail qui lui aura été délivré sera transmissible de plein droit à ses héritiers s'ils acceptent de continuer à en assurer l'exécution.

## ARRÊTÉ

**désignant les essences par classe et réglementant la délivrance des permis de coupe et le mode d'exploitation des peuplements de palétuviers.**

(*J. O.* du 27 décembre 1913)

---

Art. 1er. — Sont classés dans chacune des catégories prévues à l'article 24 du décret du 23 août 1913 les essences ci après :

A. — *Bois d'ébénisterie*

Bois de rose ou variétés. Noms indigènes : andramena, volombodipona.

Camphrier ou variété. Nom indigène : hazomalanga.

Ébène ou variété. Noms indigènes : hazomainty, lopingo, lekivingo, lavarava.

Palissandre ou variétés. Noms indigènes : hazovola, hazoharina, harara, manipika, manara, voamboana.

Santal ou variétés. Noms indigènes : ambora, masondjany.

B. — *Bois de construction et de menuiserie*

Copalier (mandrorofo) fotona, hasina ou kijy, hazomena, hiatsina, hazomafana, hazomamy, hazoambo, hazomby, harina, hazotekana, harahara, kiravy, kambitoy, katrafahy, lalona, longotra, manara, mainty fontotra, merana, mangarahara, monty, nato et ses variétés, rotra, sara, sohy, stipa, tavolo ou kabitsifahy, tambona, tafonona, stipity, vivaona, varongy, vintanina, vatoana, valanirana, voronala, zahana.

C. — *Essences secondaires*

Toutes les essences non classées aux catégories précédentes.

Art. 2. — Les énumérations figurant aux paragraphes A et B ci-dessus ne sont en rien limitatives et pourront être complétées ou modifiées par des arrêtés subséquents.

DES PERMIS DE COUPE

Art. 3. — Toute personne qui désire obtenir l'autorisation de couper des bois dans les forêts domaniales doit en adresser la demande au chef de district de la situation des lieux.

Le demande devra indiquer :

1° Les nom, prénoms, profession, nationalité et domicile du demandeur ;

2° L'endroit défini aussi exactement que possible où les bois devront être coupés ;

3° La catégorie, le nombre et les dimensions des arbres demandés ;

4° La durée de la validité du permis.

Le permis sera délivré par le chef de district après versement par l'intéressé des redevances ci-après, les mesures étant prises à 1 m. 50 du sol.

A. — *Bois d'ébénisterie*

Arbre mesurant de 1 m. 30 à 1 m. 99 de circonférence : 3 francs
Arbre mesurant de 2 mètres à 2 m. 99 de circonférence : 4 francs.
Arbre mesurant 3 mètres et au dessus de circonférence : 5 francs.

B. — *Bois de construction et de menuiserie*

Arbre mesurant de 1 m. 30 à 1 m. 99 de circonférence : 2 fr. 50
Arbre mesurant de 2 m. à 2 m. 99 de circonférence : 3 francs.
Arbre mesurant de 3 mètres et au-dessus de circonférence : 4 francs.

C. — *Essences secondaires*

Arbre mesurant de 0 m. 45 à 0 m. 99 de circonférence : 0 fr. 10.
Arbre mesurant de 1 mètre à 1 m. 99 de circonférence : 0 fr. 50.
Arbre mesurant 1 m. 99 et au dessus de circonférence : 1 franc.

Art. 4. — A titre exceptionnel, des permis pour couper des perches, gaulettes etc. portant exclusivement sur les essences secondaires de dimensions inférieures à 0 m. 45, pourront être délivrés par les chefs de district ; la redevance à percevoir dans ce cas, étant de 0 fr. 25 par charge d'homme, la charge ne pouvant dépasser 25 kilogrammes.

Art. 5. — Les bois ne pourront être enlevés qu'après avoir été marqués par un agent de l'administration désigné à cet effet par le chef de district.

Art. 6. — Aucun permis ne pourra porter sur un nombre d'arbres supérieur à vingt cinq et il ne pourra en être délivré plus d'un pour la 1re catégorie, de cinq pour la 2e, de dix pour la 3e à la même personne ou société dans la même année.

Toutefois en ce qui concerne spécialement les usages miniers (étais pour le boisage des galeries, etc.) il pourra être établi des permis portant sur cinquante arbres des essences secondaires seulement.

Art. 7. — Les permis sont extraits d'un registre à souche conforme au modèle ci-annexé.

Art. 8. — (*Modifié ainsi qu'il suit par l'addendum du 28 décembre 1914, J. O. du 30 janvier 1915*) :

« La récolte des bois morts et des gaulettes provenant de de l'ébranchage des arbres est autorisée gratuitement au profit des détenteurs de permis de coupe régulier, mais limités aux arbres abattus en vertu de ces permis. Dans les autres cas la récolte des bois morts donnera lieu à la perception d'un droit égal au tiers du droit perçu sur les mêmes essences sur pied.

« Le présent addendum ne s'applique en aucun cas aux arbres restés sur pied. »

DE L'EXPLOITATION DES PALÉTUVIERS

Art. 9. — Dans chaque circonscription les peuplements de palétuviers seront divisés en zones, lots et parcelles, cette division étant faite de manière à permettre l'exploitation à la fois dans les diverses régions de la circonscription.

Chaque zone comprendra dix lots divisés eux-mêmes en parcelles de 100 hectares environ.

ART. 10. — Toutes les années il sera procédé à l'adjudication des parcelles constituant un lot de chaque zone.

Les dispositions de l'article 9 du présent article seront appliquées à toutes les circonscriptions pour lesquelles n'existe pas une reglementation spéciale.

ART 11. — La dimension de 0 m. 45 inscrite à l'article 25 du décret du 28 août 1913 doit s'entendre de la circonférence mesurée au-dessus de la jonction des racines non adventives.

ART. 12. — L'écorçage ne pourra se faire que par l'abatage immédiat de l'arbre, la coupe devant être pratiquée au-dessus de la jonction des racines et sans nuire à celles-ci.

ART. 13. — Le bois provenant des coupes d'écorçage restera la propriété du concessionnaire qui devra l'avoir enlevé ou déposé dans un endroit approprié au plus tard dans les trois mois qui suivront l'expiration de son permis, faute de quoi il ne pourra lui être délivré de nouveau permis.

ART. 14. — Le concessionnaire devra laisser au moins dix pieds adultes par hectare des meilleures variétés tanifères, ces porte graines devant être répartis sur toute la superficie.

ART. 15. — Seront réservés tous les palétuviers indistinctement se trouvant dans une zone de dix mètres le long des cours d'eau, canaux ou lagunes et de vingt-cinq mètres le long des rivages marins.

Tananarive, le 13 décembre 1913.
PICQUIÉ.

# ANNEXE VI

## ARRÊTÉ

**fixant les règles relatives à l'utilisation, la conservation et la police du domaine public.**

Arrêté du 8 avril 1911 (extrait), *J. O.* du 22 avril 1911.

ART. 19. — Les demandes d'occuper temporairement les portions du domaine public affectées régulièrement aux services militaires sont adressées aux directeurs d'artillerie ou aux représentants du service de l'artillerie. Elles sont instruites par les services militaires et soumises au service des domaines chargé de recouvrer les redevances exigibles, qui donne son avis au point de vue financier et foncier.

ART. 20. — L'autorisation essentiellement précaire et révocable sans indemnité à première réquisition de l'administration est accordée par le Gouverneur Général en conseil d'administration.

ART. 21. — Les autorisations d'entreprendre certains travaux sur les zones des servitudes militaires prévues par l'article 5 du décret du 26 septembre 1902 sont accordées conformément aux dispositions qui seront arrêtées par le Gouverneur Général sur la proposition des services militaires.

## Instruction

**relative à l'exécution des opérations nécessitées par l'affermage ou la location d'immeubles faisant partie du domaine militaire.**

En vue d'uniformiser dans le groupe, les opérations relatives à l'établissement et à la passation des contrats concernant les immeubles militaires donnés en location :

Afin de préciser le rôle dévolu à ce sujet à chacun des services de l'artillerie, de l'intendance et des domaines par l'article 10 du règlement du 16 octobre 1903, les articles 1 et 17 de l'instruction provisoire du 1er août 1911, les articles 211 et 217 du règlement financier du 14 janvier 1869, les articles 1, 3, 215 et 220 du décret du 30 novembre 1912 ;

Et par analogie avec les règles appliquées dans la métropole au département de la guerre (cahier des clauses et conditions générales des baux d'affermage ou de location des propriétés dépendant du domaine militaire du 26 janvier 1901 et circulaire ministérielle du 10 janvier 1853,

Il sera procédé comme suit à l'avenir :

1° Tout fermage ou location d'un immeuble (bâti ou non bâti) dépendant du domaine militaire fera l'objet d'un bail écrit passé sur l'ordre du général commandant supérieur et qui ne deviendra définitif qu'après l'approbation du ministre.

2° Préalablement à la mise en adjudication aux enchères publiques, ou à la passation d'un bail à l'amiable, des propositions seront soumises au département par rapport du directeur d'artillerie.

En ce qui concerne les locations à l'amiable, le rapport devra faire connaître outre l'avis des autorités militaires les conditions particulières (durée, autorisation d'aménagement, charges des grosses réparations, etc.) auxquelles le bail pourrait être consenti.

L'autorisation donnée par le département devra être mentionnée sur le bail.

3° Les cahier des charges, dans le cas d'adjudication aux enchères publiques ou le texte du contrat, dans le cas de bail amiable, seront préparés en 3 expéditions originales par le directeur d'artillerie, et adressés par lui au directeur de l'intendance.

Dans le cas d'adjudication aux enchères publiques, la mise à prix sera fixée par le chef des détails des constructions de la direction d'artillerie ou par le chef d'annexe agissant comme expert unique, et qui sera tenu de se procurer en particulier auprès du receveur des domaines, tous les éléments d'appréciation nécessaires.

Dans les cas de bail amiable, le prix de location ou d'affermage sera fixé par expertise (expert unique), contradictoirement avec le demandeur ; le receveur des domaines sera appelé comme, dans le cas précédent, à donner son avis sur la convenance d'accepter le prix proposé.

4° Dans le cas d'adjudication aux enchères publiques, le cahier des charges sera soumis à l'approbation du Gouverneur Général par l'intermédiaire du directeur de l'intendance, puis du Général Commandant Supérieur.

La publicité sera faite conformément aux règles suivies pour les marchés de fournitures ou de travaux.

5° La date de l'adjudication ou de la signature du bail amiable sera fixée d'accord entre les services d'artillerie, de l'intendance et des domaines.

6° Il sera procédé à l'adjudication ou à la signature du bail amiable par le directeur de l'intendance ou son délégué, assisté d'un interprète dûment assermenté, et en présence d'un représentant du service de l'artillerie et d'un représentant du service des domaines, ces deux derniers signeront avec le représentant de l'intendance le procès verbal d'adjudication ou le contrat.

7° Le représentant de l'intendance, avant de transmettre à l'autorité supérieure, pour décision, le dossier de l'adjudication ou du bail amiable, consultera obligatoirement le receveur des domaines sur la solvabilité des locataires ou fermiers et joindra au dossier l'avis de ce fonctionnaire.

8° Dans le cas où la location ou l'affermage seraient consentis par l'Etat à la Colonie, les dispositions ci-dessus relatives à la fixation des prix, § 3, et celles des paragraphes 5, 6, 7, ne seront pas appliquées ; le contrat sera préparé par le directeur de l'artillerie, adressé par lui au directeur de l'intendance qui le signera et le transmettra à l'autorité supérieure sans avoir à consulter le receveur des Domaines.

9° Dans tous les cas visés ci-dessus, les trois expéditions originales de chaque contrat, qui devront être, s'il y a lieu, rédigées sur papier timbré et enregistrées dans le délai prescrit, seront remises, respectivement au locataire, au directeur d'artillerie et au directeur de l'intendance. En outre, une copie certifiée conforme également établie, s'il y a lieu, sur papier timbré, sera envoyée par le directeur de l'intendance au chef du service des domaines pour la constitution régulière du bail sur le sommier du receveur compétent et le recouvrement des échéances.

---

Approuvé par dépêche ministérielle du 23 novembre 1914. N° 356.

## ANNEXES VII

**MADAGASCAR ET DÉPENDANCES**

DIRECTION
DES DOMAINES, DE LA PROPRIÉTÉ
FONCIÈRE ET DU CADASTRE

N° du registre d'ordre

N° 58 D. P. F.

# DEMANDE

## RELATIVE A L'ACQUISITION OU A L'OCCUPATION DES BIENS DU DOMAINE PRIVÉ NON FORESTIER

Nom, prénoms, surnoms.............
Qualité ou profession..............
Domicile ou résidence..............
Célibataire, marié ou veuf..........
Nom du conjoint...................
Date du mariage...................
Contrat du mariage (date du contrat et nom de l'officier ministériel).......
Raison sociale et siège social des sociétés demanderesses..............
Election de domicile................
Désignation du terrain (rural ou urbain). Nom et numéro du titre aux livres fonciers pour les terrains immatriculés. Nom et numéro de la réquisition, si l'immatriculation n'est pas encore prononcée.........
Situation géographique, limites et superficie du terrain.................
Désignation détaillée des produits domaniaux dont l'exploitation est requise...........................
Objet de la demande (achat, location, bail pour élevage, droit de récolte ou d'exploitation, s'il s'agit de produits domaniaux.......................

But et moyens d'action (genre d'opérations, d'exploitation ou de cultures projetées, capitaux approximatifs dont on dispose à cet effet). Installations projetées en cas de baux d'élevage, etc., etc.................

Durée du contrat.....................

Soumission aux règlements..........

Le soussigné déclare avoir pris connaissance des règlements et s'engage à s'y conformer dans toutes leurs prescriptions.

Pièces déposées à l'appui de la demande procurations, actes constitutifs des sociétés, plan croquis, etc......

Fait à , le 192 .

*Le déclarant.*

MADAGASCAR ET DÉPENDANCES

N° du régistre d'ordre

DIRECTION
DES DOMAINES, DE LA PROPRIÉTÉ
FONCIÈRE ET DU CADASTRE

N° 59 D. P. F.

# DEMANDE

## RELATIVE A L'EXPLOITATION DU DOMAINE FORESTIER

Nom, prénoms, surnoms.............
Qualité ou profession................
Domicile ou résidence..............
Célibataire, marié ou veuf...........
Nom du conjoint....................
Date du mariage....................
Contrat de mariage (date du contrat et nom de l'officier ministériel)......
Raison sociale et siège social des sociétés demanderesses..............
Election de domicile.................
Situation géographique et limites des bois ou forêts objet de la demande..
Superficie demandée.................
Indication détaillée de la nature des bois ou des produits dérivés qui feront l'objet de l'exploitation.......
Objet de la demande (acquisition ou location du sol forestier, bail pour cultures sous bois, droit d'exploiter les produits forestiers)............
But et moyens d'action (capitaux approximatifs qui seront engagés dans l'exploitation). Nature des cultures à entreprendre en cas de bail sous bois.
Durée du contrat...................

| | |
|---|---|
| **Soumission aux règlements.........** | **Le soussigné déclare avoir pris connaissance des règlements et s'engage à s'y conformer dans toutes leurs prescriptions.** |
| **Le demandeur fournira-t-il un cautionnement en numéraire ou présentera-t-il une caution ?** | |
| **Pièces déposées à l'appui de la demande (procurations, actes constitutifs des sociétés, plan croquis etc.)......** | |

**Fait à , le 192 .**

***Le déclarant,***

**MADAGASCAR ET DÉPENDANCES** N° du registre d'ordre

N° 60 D. P. F.

DIRECTION
DES DOMAINES, DE LA PROPRIÉTÉ
FONCIÈRE ET DU CADASTRE

# DEMANDE

## RELATIVE A L'ACQUISITION OU A L'OCCUPATION DES BIENS DU DOMAINE PUBLIC

Nom, prénoms, surnoms............
Qualité ou profession................
Domicile ou résidence................
Célibataire, marié ou veuf...........
Nom du conjoint.......................
Date du mariage.......................
Contrat du mariage (date du contrat et nom de l'officier ministériel)......
Raison sociale et siège social des sociétés demanderesses................
Election de domicile................
Désignation du terrain (zone des pas géométriques, rivage de la mer, quais, terres-pleins......................
Situation géographique, limites et superficie du terrain.................
Désignation détaillée des produits domaniaux dont l'exploitation est requise.............................
Objet de la demande (location, droit de récolte ou d'exploitation s'il s'agit de produits domaniaux, occupation temporaire)..................
But et moyens d'action (genre d'opérations, d'exploitation ou de cultures). Capitaux approximatifs dont on dispose à cet effet....................
Durée du contrat ou de l'autorisation.

| | |
|---|---|
| Soumission aux règlements......... | Le soussigné déclare avoir pris connaissance des règlements et s'engage à s'y conformer dans toutes leurs prescriptions. |
| Pièces déposées à l'appui de la demande (procurations, actes constitutifs des sociétés, plan croquis etc.)..... | |

Fait à , le 192 .

*Le déclarant,*

MADAGASCAR ET DÉPENDANCES

DIRECTION
DES DOMAINES, DE LA PROPRIÉTÉ
FONCIÈRE ET DU CADASTRE

N° du registre d'ordre

N° 61 D. P. F.

# DEMANDE
## DE CONCESSION D'EAU

### Renseignements généraux

Nom, prénoms, surnoms............
Qualité ou profession................
Domicile ou résidence...............
Célibataire, marié ou veuf ...........
Nom du conjoint......................
Data du mariage......................
Contrat de mariage (date du contrat et nom de l'officier ministériel).......
Raison sociale et siège social des sociétés demanderesses...............
Élection de domicile................
Durée de la concession..............
Soumission aux règlements..........

Le soussigné déclare avoir pris connaissance des règlements et s'engage à s'y conformer pour toutes leurs prescriptions.

### Renseignements spéciaux

A. — *Usages agricoles et miniers*

Quantité d'eau à délivrer ou à puiser.
Point où la prise d'eau sera faite...
Mode de puisage ou dispositions techniques des ouvrages de la prise d'eau (hauteur de barrages, s'il a lieu, niveau de la retenue, forme et dimension des ouvrages régulateurs, déversoirs, vannes de décharges, etc.

Parcours de la conduite d'eau, dimensions et forme et, en général, toutes indications susceptibles d'intéreser la conservation et la salubrité des eaux, à prévenir les inondations, à sauvegarder les intérêts de l'agriculture, de l'industrie, de la pêche et de la chasse......................
Statut réel de la ou des parcelles intéressées ou traversées ; au cas où l'occupation de terrains domaniaux serait nécessaire, en dehors de la servitude légale d'aqueduc, la demande devra le mentionner pour qu'un titre de bail puisse être délivré s'il y a lieu au requérant.....
Pour l'irrigation : contenance de la ou des parcelles à irriguer............
Pour les usages miniers : le ou les numéros des permis de recherche ou d'exploitation....................

B. — *Usages industriels*

Nom du cours d'eau à utiliser........
Désignation des établissements hydrauliques établis en amont et en aval s'il en existe.....................
Usage auquel est destiné la prise d'eau demandée.......................

www.ingramcontent.com/pod-product-compliance
Ingram Content Group UK Ltd.
Pitfield, Milton Keynes, MK11 3LW, UK
UKHW020248220726
13923UKWH00002B/854

9 782019 310394